Von Mamas & Papas

Tierkinder und ihre Familien

Anita van Saan

arsEdition

Inhalt

MENSCHENKINDER

Kinder wachsen nicht alleine auf. Sie brauchen Unterstützung durch Erwachsene, die für sie sorgen und auf sie aufpassen. Meistens sind das die eigenen Eltern. Viele Kinder leben in einer kleinen Familie, die aus Mama, Papa und einem oder zwei Kindern besteht. Trennen sich die Eltern, wohnen die Kinder bei Mama und besuchen Papa am Wochenende, oder umgekehrt. Manchmal leben auch mehrere Mamas und Papas mit vielen Kindern zusammen in einer Wohngemeinschaft oder bringen ihre Kinder mit in eine neue Familie, das ist dann die sogenannte Patchworkfamilie. Wenn die leiblichen Eltern keine Zeit haben oder krank sind, kümmern sich oft Großeltern oder Pflegefamilien um die Kinder. Familien können also ganz unterschiedlich zusammengesetzt sein, wichtig ist nur eins: dass es den Kindern gut geht und sich alle wohlfühlen.

Mama und Papa

Auch Tiere gründen Familien, werden Mamas und Papas und bekommen Nachwuchs. Entenmamas bebrüten Eier, aus denen Entenküken schlüpfen. Katzenmütter bringen Katzenbabys zur Welt, und aus den Eiern, die eine Weinbergschnecke im Boden abgelegt hat, entwickeln sich winzig kleine Schnecken. Jede Tierart hat eine ganz bestimmte Lösung dafür gefunden, wie ihre Jungen überleben, wie sie wachsen und gedeihen. Bei manchen Arten entwickeln sich die Kleinen ganz ohne elterliche Hilfe, bei anderen sind sie auf Fürsorge angewiesen.

Ganz genauso wie bei den Menschen gibt es auch im Tierreich unterschiedliche Familienformen. Große und kleine Familien, Pflegeeltern, alleinerziehende Mütter, Patchworkfamilien, Wohngemeinschaften oder Großmütter, Tanten und Geschwister, die bei der Betreuung der Kleinen mithelfen. Im Unterschied zum Menschen können sich die meisten Tierarten aber nicht für die eine oder andere Familienform entscheiden. Die Natur hat festgelegt, wo und wie die jeweilige Tierart lebt, aus wie vielen Mitgliedern die Familie[1] besteht und wer für die Jungen zuständig ist. Meist sind es die Tiermütter, die ihre Babys umsorgen und großziehen. Es gibt aber auch Arten, bei denen der Vater die Jungen zur Welt bringt! Du glaubst das nicht? Dann blättere mal durch dieses Buch!

Viel Spaß dabei!

[1] Anmerkung für Erwachsene: Der Begriff »Familie« wird in diesem Kinderbuch nicht als hierarchische Ebene in der biologischen Systematik, sondern zur Darstellung verwandtschaftlicher Beziehungen von Tieren in Analogie zum Familienbegriff des Menschen verwendet.

WIRBELTIERE – WIRBELLOSE

Weißt du, wie viele Tierarten es auf der Erde gibt? Die Wissenschaftler sind sich bei der Antwort auf diese Frage nicht ganz einig. Einige sagen, 8 Millionen, andere sprechen sogar von 40 Millionen Tierarten weltweit! Damit man den Überblick über die vielen unterschiedlichen Tiere nicht verliert, fasst man Arten, die ähnlich aussehen und bestimmte Körpermerkmale gemeinsam haben, zu Gruppen zusammen.

Wirbeltiere

SCHON GEWUSST?

Was ist eine Art?
Der Grasfrosch ist eine Tierart, die Amsel eine andere. Amseln können sich nur mit Amseln paaren und Junge bekommen, mit Grasfröschen nicht. Jede Art kann sich nur mit Angehörigen derselben Art paaren und Nachwuchs bekommen. Arten sind also Fortpflanzungsgemeinschaften.

Alle Tierarten, die zur Gruppe der **Wirbeltiere** zählen, besitzen eine Wirbelsäule, die den Rumpf stützt und an der die Gliedmaßen (z. B. Arme, Beine, Flügel, Flossen) sitzen. Weitere Merkmale der Wirbeltiere sind das von einer Kapsel geschützte Gehirn und die mehrschichtige Haut (Epidermis), die von Haaren, Federn oder Schuppen bedeckt sein kann.

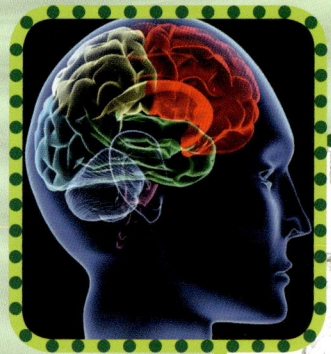
Gehirn des Menschen

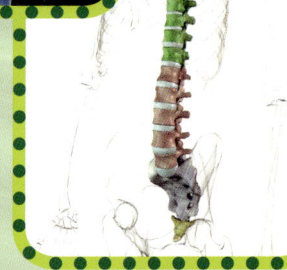
Wirbelsäule des Menschen

Schuppen einer Schlange

Fell einer Giraffe

Vogelfedern

Haut des Menschen

Weltweit gibt es heute etwa **54 000** Wirbeltierarten, die man in fünf Hauptgruppen aufteilt:

Säugetiere   Vögel   Reptilien   Amphibien   Fische

Wirbellose Tiere

- **Weichtiere** (z. B. Schnecke, Tintenfisch, Muschel)

- **Insekten** (z. B. Libelle, Käfer, Ameise)

- **Stachelhäuter** (z. B. Seestern)

- **Krebstiere** (z. B. Hummer)

- **Spinnentiere** (z. B. Spinne, Skorpion)

- **Würmer** (z. B. Regenwurm)

Die meisten Tiere, die auf unserer Erde leben (genauer gesagt über 95 Prozent), besitzen aber keine Wirbelsäule. Sie zählen zu den **Wirbellosen**. Besonders artenreich sind dabei die Gruppen der Insekten, Krebse, Spinnen und Weichtiere (siehe S. 88/89).

Die 38 Tierarten, deren Familien wir in diesem Buch vorstellen, sind in sechs Kapitel eingeteilt. Jedes Kapitel beginnt mit einer Einführung. Darin steht, welche Körpermerkmale typisch für die jeweilige Tiergruppe sind und wie sich ihre Vertreter fortpflanzen und entwickeln.

SÄUGETIERE

Weltweit gibt es rund 5500 Säugetierarten. Die meisten sind Landbewohner, doch einige leben im Meer oder haben die Luft als Teillebensraum erobert. Jede Säugetierart sieht anders aus, und dennoch haben alle Säugetiere einige Merkmale gemeinsam, die sie von anderen Wirbeltieren unterscheiden.

Kennzeichnend für alle Säugetiere ist:

- Wie der Name schon sagt, säugen Säugetiere ihre Jungen mit Milch, die in den Milchdrüsen der Mütter hergestellt wird.

- Sie besitzen ein Fell mit Haaren. Es schützt vor Kälte und Hitze.

- Ihr Körper ist immer gleich warm, d. h., sie halten eine bestimmte Temperatur im Körper aufrecht, egal wie warm oder kalt es draußen ist.

- Säugetiere haben Ohren mit drei Gehörknöchelchen (Hammer, Amboss, Steigbügel) im Mittelohr.

Der **Leopard** besitzt ein besonders auffallendes Fell.

Auch der **Igel** ist ein Säugetier. Ein Teil seiner Haare hat sich zu Stacheln entwickelt, mit denen er sich vor Fressfeinden schützen kann.

Wale (wie der **Orca**) sind keine Fische, sondern im Meer lebende Säugetiere. Ihr Fell ist zurückgebildet. Vor Wärmeverlust sind sie durch eine bis zu 70 cm dicke Fettschicht geschützt. Um Luft zu holen, müssen sie immer wieder auftauchen.

Innerhalb der Säugetiere unterscheidet man drei Gruppen:

Die **höheren Säugetiere** haben Milchdrüsen, die in einer Warze enden. Bei Tieren heißt sie »Zitze«, beim Menschen »Brustwarze«. Zu den höheren Säugern zählen Tiere, die du bestimmt kennst, wie z. B. Hund, Katze, Eichhörnchen, Giraffe, Maus und Elefant. Aber auch wir Menschen sind Säugetiere. Die Fortpflanzung läuft bei höheren Säugetieren sehr ähnlich ab. Nach der Paarung nistet sich im Körper des Weibchens ein befruchtetes Ei ein, das zu einem Jungtier heranreift und nach einer bestimmten Tragezeit geboren wird. Das Junge (Baby) wird von seiner Mutter gesäugt, bis es feste Nahrung zu sich nehmen kann.

Hier saugen **Hundebabys** an den Zitzen ihrer Mutter.

Junges **Kängurubaby** im Beutel

Kloakentiere, wie z. B. das Schnabeltier, bringen im Unterschied zu den höheren Säugetieren keine Jungen zur Welt, sondern legen Eier. Diese werden vom Muttertier bebrütet. Aus den Eiern schlüpfen Junge, die Milch aus dem Milchdrüsenfeld am Bauch der Mutter schlürfen.

Die **Beutelsäuger,** wie z. B. die Kängurus, haben Junge, die bei der Geburt noch ganz winzig und unterentwickelt sind. Viele, aber nicht alle Beutelsäugerarten haben einen Beutel, in dem sich die Zitzen befinden. Die Neugeborenen klammern sich mit dem Mund an die Zitze und sind in den ersten Lebenswochen sozusagen mit ihr verbunden.

HAUSKATZE

Familie Katze

Katzenväter sind Einzelgänger. Sie paaren sich mit einem Weibchen und trennen sich dann wieder von ihm. Die jungen Kätzchen werden von ihrer Mutter ganz allein betreut und großgezogen.

Milchtritt

Zur Geburt sucht sich die Katzenmama ein geschütztes Plätzchen als Nest. In der Wohnung kann das ein Bett im Zimmer einer vertrauten Person, ein Schrank oder eine Schachtel sein. Dort bringt sie zwischen drei und sieben blinde und taube Katzenbabys zur Welt. Die Jungen suchen sofort die Zitzen ihrer Mutter und saugen daran. Indem sie schnurren und mit den Beinchen in die Zitzen treten, sorgen sie dafür, dass mehr Milch gebildet wird. Man nennt diesen Vorgang »Milchtritt«.

Die Geburt von Kätzchen: Jedes neugeborene Kätzchen wird von seiner Mama sauber geleckt.

Entdeckungsreise

In den ersten Tagen bleibt die Katzenmutter die meiste Zeit bei ihren Kindern und lässt sie nur kurze Zeit allein. Wenn sie glaubt, dass die Jungen in Gefahr sind, hebt sie mit dem Maul jedes Kätzchen an der Nackenfalte hoch und trägt es an einen anderen Ort. Die Katzenbabys folgen ihr überallhin. Sie schützt ihre Jungen vor Angreifern und passt auf, dass sie nicht weglaufen. Im Alter von zwei Monaten saugen die Katzenkinder nicht mehr an den Zitzen der Mutter, sondern fressen schon feste Nahrung. Sie balgen sich und klettern überall herum. Von ihrer Mutter lernen sie, wie man sich das Fell reinigt, wie man jagt und sich die Krallen schärft. Spätestens nach einem halben Jahr brauchen sie ihre Mutter nicht mehr.

SCHON GEWUSST?

Katzenmädchen bleiben meist im Revier der Mutter, während die männlichen Katzenkinder als Einzelgänger leben und neue Reviere suchen. Hauskatzen, die auf dem Land leben und fast immer draußen sind, bilden manchmal Gruppen aus Weibchen, Babys, halbwüchsigen Jungen und ein oder zwei Katern.

IGEL

STECKBRIEF

Igel (Erinaceus europaeus)

Merkmale:
braune Stacheln mit
weißer Spitze

Körperlänge:
22–30 cm

Lebensraum:
Waldränder, Feldgehölze,
Hecken, Gärten

Nahrung:
Insekten, Regenwürmer,
Schnecken, Eier,
junge Mäuse

Tragezeit:
30–35 Tage

Familie Igel

Igel sind Einzelgänger. Zwischen Mai und Anfang September ist Paarungszeit, einen Monat später werden die Jungen geboren. Die Igelmutter zieht die Kleinen alleine groß. Der Igelvater verlässt sie spätestens kurz vor der Geburt der Igelkinder.

Igelnest

Nachts gehen Igel auf Nahrungssuche, tagsüber ziehen sie sich in ihr Nest zurück. Es wird in Strohhaufen, unter Hecken, in Kompost- oder Laubhaufen errichtet und mit Blättern und Gras ausgepolstert. Auch die Igelbabys, meist vier bis fünf an der Zahl, kommen in einem solchen Nest zur Welt. Nach der Geburt sind sie blind und haben noch weiche Stacheln.

Hier trägt die Igelmutter ihre neugeborenen Babys in ein anderes Nest.

12

Babys auf der Jagd

Neugeborene Igelbabys

Mama Igel säugt ihren Nachwuchs sechs bis acht Wochen lang. Nach etwa drei Wochen bekommen die Igelkinder ihre ersten Zähnchen und verlassen zeitweise das Nest, um ihre Umgebung zu erkunden. Im Alter von vier Wochen gehen sie allein auf die Jagd, um Insekten und andere Kleintiere zu erbeuten. Sie geben schrille piepende Laute von sich, damit die Mutter weiß, wo sie sind. Wenn sie etwa zwei Monate alt sind, verlassen die Jungen ihre Mutter und suchen sich ein eigenes Revier.

Igelbaby im Laubnest

SCHON GEWUSST?

Igelbabys kommen zwischen Juni und Oktober zur Welt, die meisten im August oder September. Wichtig ist, dass sie sich ein dickes Fettpolster anfressen, damit sie den Winter überstehen. Sobald es kalt wird, verkriechen sie sich in ein selbst gebautes, kuscheliges Winternest aus Laub und Reisig. Dort halten sie Winterschlaf.

Bei Gefahr rollen sich Igel ein.

STECKBRIEF

Eichhörnchen (Sciurus vulgaris)

Merkmale:
hellrotes bis
schwarzbraunes Fell

Körperlänge:
20–25 cm,
Schwanz 15–20 cm

Lebensraum:
Nadel-, Misch-, Laubwälder,
Parks und Gärten

Nahrung:
Früchte, Nüsse,
Samen, Knospen,
Rinde, Eier,
Schnecken,
Jungvögel

Tragezeit:
38 Tage

Familie Eichhörnchen

Die Eichhörnchenmutter ist alleinerziehend. Der Vater verlässt sie nach der Paarung im Winter (oder im späten Frühjahr) und kümmert sich nicht um die Kinder. Doch die Eichhörnchenmama findet das ganz in Ordnung. Sie vertreibt das männliche Tier sogar, wenn es sich bis zur Geburt der Jungen in ihrer Nähe aufhält.

Ein gemütliches Schlafnest

Hoch oben in der Baumkrone bauen sich Eichhörnchen aus Ästen und Zweigen rundliche Nester (Kobel), die seitlich unten eine Öffnung haben. Innen sind sie mit Moos, Federn und Gras ausgepolstert, damit es richtig gemütlich ist. Im Kobel ruhen sich die Tiere aus und halten Winterruhe. Das Weibchen gebärt und stillt dort auch seine drei bis acht Jungen.

Kobel

Nackt, taub und blind

Eichhörnchenkinder kommen nackt, taub und blind zur Welt. Nach vier Wochen öffnen sie ihre Augen, nach sechs Wochen hüpfen sie erstmals aus dem Nest. Fällt ein Junges auf den Boden, gibt es laute Geräusche von sich, damit die Mutter es wieder ins Nest trägt. Wenn die Eichhörnchenkinder acht bis zehn Wochen alt sind, können sie sich selbst Futter suchen. Aber auch dann bleiben sie noch einige Monate in der Nähe des Nests.

Junges Eichhörnchen

SCHON GEWUSST?

Eichhörnchen sind Nagetiere. Ihre Nagezähne wetzen sich an harter Nahrung (z. B. Nussschalen) ab und wachsen wieder nach.

Der buschige Schwanz ist nützlich beim Klettern, Balancieren und Springen. Beim Fressen wird er am Rücken angelegt, beim Laufen in die Luft gestreckt.

STECKBRIEF

Wildkaninchen (*Oryctolagus cuniculus*)

Merkmale:
graubraunes Fell, kürzere Ohren und kürzere Beine als der Feldhase

Körperlänge:
35–45 cm

Lebensraum:
Felder, Äcker, trockener, sandiger Boden an Waldrändern, Gärten, Parks, Heiden oder Dünen

Nahrung:
Gräser, Kräuter, Rinde, Zweige

Tragezeit:
30 Tage

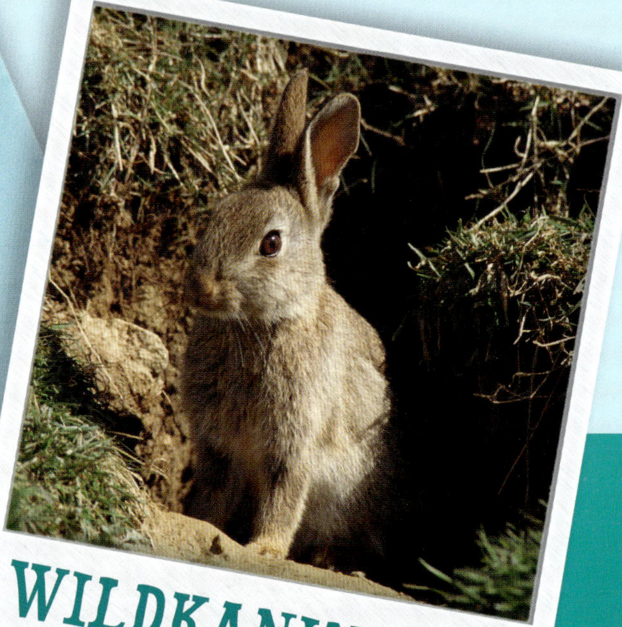

WILDKANINCHEN

Familie Wildkaninchen

Kleinfamilie? Nichts für gesellige Wildkaninchen! Sie leben in großen Gruppen (Kolonien), die aus mehreren Müttern, Vätern und ihrem Nachwuchs bestehen. Ein männliches Tier beherrscht alle Familienmitglieder. Die meisten Jungen stammen von ihm ab. Versorgt werden sie von den jeweiligen Müttern.

Leben im Bau

Tagsüber und bei Kälte verkriechen sich Wildkaninchen in ihrem unterirdischen Bau. In der Dämmerung kommen sie heraus und suchen nach Nahrung. Der Bau hat mehrere Ein- und Ausgänge und kann mit den in mehreren Stockwerken angelegten Gängen und Wohnkesseln bis zu 3 m tief und 45 m lang sein. Die Rangordnung wird durch Kämpfe festgelegt. Nur die Sieger unter den Männchen dürfen sich mit den Weibchen paaren. Die ranghöchsten Weibchen bekommen die besten Plätze im Bau für sich und ihre Jungen.

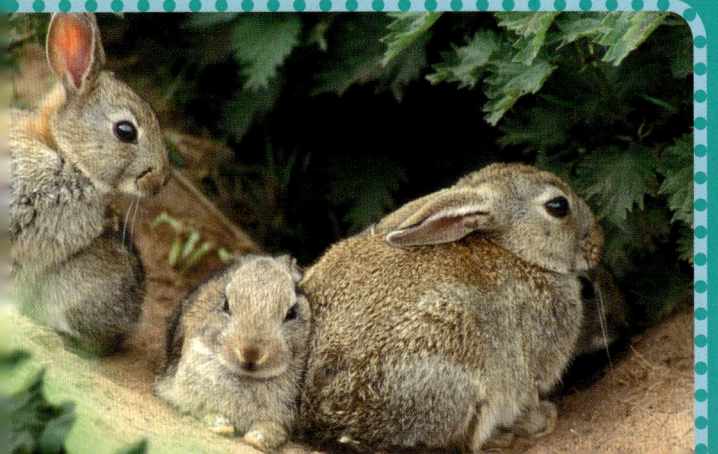

Junge Wildkaninchen am Eingang ihres Baus

Wildkaninchenbabys, 1 Tag alt

10 Tage alt

15 Tage alt

Husch, husch ins Nest!

Fünf- bis siebenmal im Jahr kann ein Wildkaninchenweibchen Nachwuchs bekommen. Den Setzbau, in dem vier bis zwölf nackte und blinde Junge geboren werden, polstert Mama Wildkaninchen weich mit Pflanzenmaterial aus. Drei Wochen lang werden die Kleinen in ihrem Nest gesäugt, dann verlassen sie zum ersten Mal den Bau. Bei Gefahr pfeifen die Mütter laut und klopfen mit den Hinterbeinen auf den Boden. Für die Jungen heißt das, dass sie schnell zurück in den Bau gehen sollen.

STECKBRIEF

Biber (Castor fiber)

Merkmale:
abgeplatteter un-behaarter Schwanz, Hinterfüße mit Schwimmhäuten

Körperlänge:
bis 1,20 m, Schwanz 30 cm

Lebensraum:
fließende und stehende Gewässer und deren Uferbereiche

Nahrung:
krautige Pflanzen, Triebe, Zweige und Rinde von gefällten Bäumen

Tragezeit:
105–107 Tage

BIBER

Familie Biber

Biber leben in einer Großfamilie. Sie besteht aus einem Paar, das lebenslang zusammenbleibt, und vielen Kindern. Um die Babys kümmern sich nicht nur die Mutter, sondern auch der Vater und die älteren Geschwister. Die »Biberburg« von Familie Biber wird am Gewässerufer aus Ästen, Zweigen und Schlamm gebaut und ist innen mit weichem Pflanzenmaterial ausgepolstert. Der Eingang zur Wohn-höhle (Kessel) liegt unter, der Wohnkessel selbst über dem Wasser. Um in den Wohnraum zu kommen, müssen die Biber ins Wasser tauchen. Innen ist es aber schön trocken.

Geburt in der Biberburg

Zwischen April und Juni bringt die Bibermama im Wohnkessel zwei bis drei Biberbabys zur Welt. Die Jungen haben nach der Geburt ein Fell und können sehen. Die ersten Wochen bleiben sie im Bau, später machen sie erste Ausflüge nach draußen. Zwei Mona-te lang werden sie gesäugt, doch schon im Alter von zwei Wochen fressen sie zusätzlich Pflanzen.

Eine Bibermutter stillt ihre Kinder.

Mit ihren kräftigen Nagezähnen nagen Biber dicke Baumstämme so an, dass sie wie eine Sanduhr aussehen.

Bibermutter mit ihrem fünf Monate alten Jungen

Geschwister als Babysitter

Biberkinder können von Anfang an schwimmen, das Tauchen müssen sie aber noch lernen. Die Eltern und die älteren Geschwister umsorgen die Kleinen. Sie passen auf, dass sie sich nicht vom Bau entfernen, und bringen sie zurück, wenn sie zu früh die Burg verlassen. Wenn Biberkinder zwei Jahre alt sind, werden sie aus dem Revier ihrer Eltern vertrieben. Nun machen sie sich auf Wanderschaft und gründen später oft bis zu 40 km von ihren Eltern entfernt eine eigene Familie. Das Biberrevier umfasst eine Strecke von 1 bis 3 km. Die Grenzen markieren die Tiere mit einem öligen Körpersekret, dem Bibergeil.

Hier essen Mutter und Kind einen Apfel.

19

DACHS

Familie Dachs

Bis zu zwölf Tiere umfasst eine Dachsfamilie, die gemeinsam einen unterirdischen Bau bewohnt. Manchmal leben auch mehrere Dachsfamilien in einer Art Wohngemeinschaft zusammen. Für die Kinder ist die Dachsmutter zuständig, aber beim Saubermachen des Baus hilft auch der Vater mit.

Hier kommt ein Dachs nachts aus seinem Bau.

Dachsfamilie

Unterirdisches Familienleben

Nachts gehen die Dachse auf Nahrungssuche, meistens jeder allein für sich. Tagsüber schläft Familie Dachs in ihrer »Dachsburg«, wie der unterirdische Bau genannt wird. Er besteht aus Gängen mit mehreren Stockwerken, Luftschächten und Fluchtwegen. Das »Wohnzimmer«, ein 60 cm hoher Kessel, ist mit Gras, Laub, Moos und Farn ausgepolstert und liegt bis zu 5 m tief unter der Erde. Im März/April bringt dort die Dachsmutter zwei bis fünf Junge zur Welt. Zunächst sind die Kleinen weiß behaart und blind. Nach drei bis vier Wochen können sie zum ersten Mal ihre Augen öffnen. Vier Monate lang werden sie von ihrer Mama gestillt, bekommen aber nach etwa zwei Monaten zusätzlich feste Nahrung. Wenn sie ungefähr drei Monate alt sind, wagen sie sich erstmals aus dem Bau heraus und spielen vor dem Eingang.

Sauberkeit ist wichtig

Sauberkeit ist für Dachse sehr wichtig. Ein Klo, die »Dachslatrine«, befindet sich in der Nähe des Baus. Ein weiteres Klo liegt in einem unterirdischen Seitengang. Mutter Dachs passt auf, dass die Jungen es auch immer benutzen. Sind sie am Abend zum Spielen draußen, machen die Eltern den Bau sauber. Sie zerren das alte Pflanzenmaterial aus dem Wohnzimmer heraus und ersetzen es durch frische Gras- und Farnbündel. Diese halten sie zwischen Kinn und Vorderpfoten fest, kriechen rückwärts in einen Eingang des Baus und rutschen hinunter. Im Oktober, wenn die Jungen groß genug sind, für sich selbst zu sorgen, werden sie von der Mutter vertrieben. Oft erweitern die Töchter den Mutterbau, legen eigene Wohnkessel an und gründen dort eigene Familien. Mutter und Vater Dachs selbst bleiben lebenslang zusammen.

Dachskinder in ihrem Bau

STECKBRIEF

Wildschwein (Sus scrofa)

Merkmale:
Fell dunkelgrau bis braunschwarz mit langen borstigen Deckhaaren

Körperlänge:
1,30–1,80 m

Lebensraum:
hauptsächlich feuchte Laub- und Mischwälder

Nahrung:
Wurzeln, Würmer, Käferlarven, Mäuse, Schnecken, Pilze, Blätter

Tragezeit:
114–118 Tage

WILDSCHWEIN

Familie Wildschwein

Wildschweine leben in Familiengruppen (Rotten), die bis zu 50 Tiere umfassen können und vom ältesten Weibchen angeführt werden. Die Männchen streifen außerhalb der Paarungszeit, die von November bis Februar dauert, als Einzelgänger herum. Für die Wildschweinkinder (Frischlinge) interessieren sie sich nicht. Für sie ist das Muttertier zuständig.

Der Wildschweinvater (Eber) nimmt ein Schlammbad.

Geburt im Wurfkessel

Zwischen März und Mai kommen die
Jungen zur Welt. Vor der Geburt zieht sich
die Wildschweinmutter (Bache) an ein
ungestörtes Plätzchen zurück, breitet auf
einer Bodenmulde Pflanzen aus und baut
sich ein Lager, den sogenannten Wurfkes-
sel. Drei Monate lang säugt Mama Wildschwein ihre Frischlinge, manchmal nur
eines, manchmal bis zu acht gleichzeitig.
Viele sterben allerdings schon in den ersten
Lebenswochen an Krankheiten.

Wildschweinmutter mit jungen Frischlingen

SCHON GEWUSST?

Wildschweine haben einen sehr guten
Geruchssinn. Um etwas Fressbares zu finden,
brechen und graben die Tiere großflächig
den Boden auf. Im Sommer suhlen sie sich
gerne in Schlammpfützen, denn das kühlt
ab. Nach dem Schlammbad reiben sie ihren
Körper an den Stämmen von Bäumen
(Malbäumen) ab, um mit dem angetrockneten
Schlamm auch lästige Fliegen,
Stechmücken oder Hautschädlinge
loszuwerden.

Hiergeblieben!

Die Bache passt gut auf ihre Jungen auf.
Niemand, auch nicht Papa Wildschwein,
darf sich ihnen nähern, sonst greift sie an.
Entfernen sich ihre Kinder, grunzt sie laut,
um die Kleinen bei sich zu halten.

STECKBRIEF

Seehund (Phoca vitulina)

Merkmale:
rundlicher Kopf, dunkelgrau mit schwarzen Flecken

Körperlänge:
1,40–1,70 m

Verbreitung:
Atlantik und Pazifik

Lebensraum:
Küstenbereich der Meere

Nahrung:
Fische, Muscheln, Krabben

Tragezeit:
8 Monate

SEEHUND

Familie Seehund

An Land sind Seehunde selten allein. Auf Sandbänken versammeln sie sich in kleinen Gruppen (Rudeln), um sich auszuruhen und sich zu sonnen. Die Seehundväter kümmern sich nicht um die Jungen. Für den Nachwuchs sind ausschließlich die Mütter zuständig.

Schwimmendes Baby

Die Paarungszeit der Seehunde ist im Frühling oder Frühsommer. Die Männchen besetzen ein bestimmtes Gebiet und kämpfen gegeneinander um die Weibchen. Der Sieger im Kampf paart sich im Wasser meist nicht nur mit einem, sondern mit mehreren Weibchen. Jede Seehundmutter bringt ihr Junges weit weg vom Rudel auf einer Sandbank oder Felsklippe zur Welt. Gleich nach der Geburt kann das Kleine schwimmen. Es hat ein wasserdichtes Fell und folgt der Mutter, wenn sie ins Wasser geht. Im Meer schwimmt es vor ihr her. Manchmal nimmt Mutter Seehund das Kleine aber auch auf den Rücken.

Seehundmutter mit Kind

Junger Seehund beim Schwimmen

24

Nahrhafte Muttermilch

Mama Seehund säugt ihr Baby etwa vier bis sechs Wochen lang. Nach einem Monat hat es sein Gewicht verdoppelt. Zwei Wochen später muss es sich selbst Futter suchen und z. B. kleine Fische oder Garnelen fangen. Wie alle Seehunde hält es sich vor allem im Wasser auf, nur zum Luftholen kommt es an die Oberfläche.

Ein zwei Tage altes Seehundbaby trinkt bei seiner Mutter.

SCHON GEWUSST?

Wenn Seehundmütter Zwillinge bekommen, müssen sie manchmal ein Junges, den sogenannten »Heuler«, an Land zurücklassen. Die Babys heulen, weil sie hungrig sind und schon länger nicht mehr gesäugt worden sind. Doch nicht jedes Jungtier am Strand ist ein von der Mutter auf Dauer verlassener Heuler. Seehundmütter lassen auch das Junge, das sie stillen, oft lange allein, kommen aber immer wieder zu ihm zurück. Wenn das Kleine allerdings von Menschen umringt ist oder sogar gestreichelt wird, wagt das Muttertier nicht, sich seinem Kind zu nähern. Deshalb: Halte Abstand, streichle das Kleine nicht, sondern benachrichtige einen Naturschutzverband, wenn du ein verlassenes Seehundbaby findest.

Junger Seehund auf einer Sandbank

GROSSER TÜMMLER

STECKBRIEF

Großer Tümmler *(Tursiops truncatus)*

Merkmale:
grau, Bauch hell, kurze Schnauze, sichelförmige dunkle Rückenflosse

Körperlänge:
1,90–4,00 m

Verbreitung:
alle Weltmeere

Lebensraum:
flache küstennahe Bereiche und Hochsee bis in 600 m Tiefe

Nahrung:
Fische, Tintenfische, Garnelen, Krebse

Tragezeit:
360 Tage

Familie Tümmler

Tümmler sind Delfine. Etwa alle drei Jahre bringen die Weibchen ein Junges zur Welt. Bei der Geburt helfen andere Weibchen der werdenden Mutter. Die Väter kümmern sich nicht um ihre Familie.

Tanten als Hebammen

Tümmlerkinder werden im Meer geboren. Tanten und Großmütter der Kleinen schwimmen kurz vor der Geburt um die werdende Mutter herum und beschützen sie bis zu zwei Stunden lang vor Haien. Mit dem Schwanz zuerst kommt das Delfinbaby zur Welt. Seine Mama drückt das Kleine sofort an die Wasseroberfläche, damit es atmen kann. Manchmal helfen seine Tanten dabei mit.

Wenn Gefahr naht, zeigen Delfine diese Drohgebärde.

Ein neugeborenes Delfinbaby ist 0,85–1,30 m lang. Es taucht zusammen mit seiner Mutter immer wieder auf, um Luft zu atmen.

Hier spielen Mutter und Kind unter Wasser mit einer Seegurke.

Zu zweit

Die Delfinmutter schläft nach der Geburt bis zu zwei Wochen lang überhaupt nicht. Sechs bis zwölf Monate säugt sie ihr Baby im Wasser. Da das Junge keine Lippen zum Saugen hat, spritzt sie mithilfe der Muskulatur der Milchdrüsen die Milch in sein Mäulchen. Wenn das Kleine sieben Monate alt ist, bekommt es erstmals Fische zu fressen. Auch wenn es nicht mehr von der Mutter gesäugt wird, bleibt es noch weitere zwei Jahre bei ihr.

Das Delfinkind schwimmt im Wasser ganz nah bei seiner Mutter.

SCHON GEWUSST?

Der Große Tümmler wurde durch die Fernsehserie >>Flipper<<, in der ein gleichnamiger Delfin die Hauptrolle spielte, weltbekannt. Die Tiere leben in Gruppen, die meist aus zwei bis zwanzig Tieren bestehen. Sie helfen einander nicht nur bei der Geburt, sondern auch beim Jagen oder bei Problemen mit Fressfeinden (z. B. Haien).

27

ERDMÄNNCHEN

Familie Erdmännchen

Familie Erdmännchen besteht aus bis zu 40 Tieren, d. h.
Männchen, Weibchen und dem Nachwuchs aus mehreren Würfen.
Junge bekommen darf aber nur das dominierende (stärkste) Paar.
Das Oberhaupt der Familie ist das Muttertier.

Hausbesetzer

Häufig besetzen Erdmännchen Baue von Erd-
hörnchen und erweitern sie. Tagsüber gehen sie
auf Nahrungssuche oder nehmen ein Sonnen-
bad. Nachts schlafen sie im Bau, eng aneinan-
dergekuschelt. Der Erdmännchenbau wird gut
bewacht. Die Wächter stehen dabei auf ihren
Hinterbeinen und schauen ständig umher. Naht
ein Feind, geben sie als Alarmzeichen ein Bellen
von sich, und alle Mitglieder der Kolonie ziehen
sich schleunigst in den Bau zurück. Zwei Stunden
lang muss ein Wächter arbeiten, dann wird er von
einem Familienmitglied abgelöst.

Babys im Bau

Bis zu dreimal im Jahr bringt Mama Erdmännchen im Bau zwei bis fünf Jungtiere zur Welt. Die nackten, blinden Babys werden 80 Tage lang gesäugt. Wenn sie sechs Wochen alt sind, bekommen sie von ihrer Mutter zusätzlich vorgekaute feste Nahrung. Im Alter von drei Monaten sind sie selbstständig, bleiben aber bei ihrer Familie. Wenn die Erdmännchenmutter draußen nach Futter sucht, passen Tanten und ältere Geschwister im Bau auf die Jungen auf und wärmen sie.

Erdmännchenkinder kuscheln sich gern an andere Familienmitglieder.

SCHON GEWUSST?

Wie man Beutetiere fängt und tötet, lernen die Jungen von den Erwachsenen. Vater (oder Mutter) Erdmännchen legt ihnen bei einem Jagdausflug zuerst einen toten Skorpion vor. Dann einen lebenden Skorpion, dem ein Giftstachel entfernt wurde. Erst wenn die Jungen älter werden, dürfen sie wie die Erwachsenen alleine jagen.

Hier passt ein Erwachsener auf vier Jungtiere auf.

Ein Erdmännchenkind frisst einen Gecko.

29

STECKBRIEF

Nacktmull (*Heterocephalus glaber*)

Merkmale:
faltige braunrosa Haut, abgeflachte Schnauze, große Nagezähne

Körperlänge:
5–15 cm

Verbreitung:
Ostafrika

Lebensraum:
trockene Halbwüsten

Nahrung:
faserige Pflanzenknollen

Tragezeit:
70 Tage

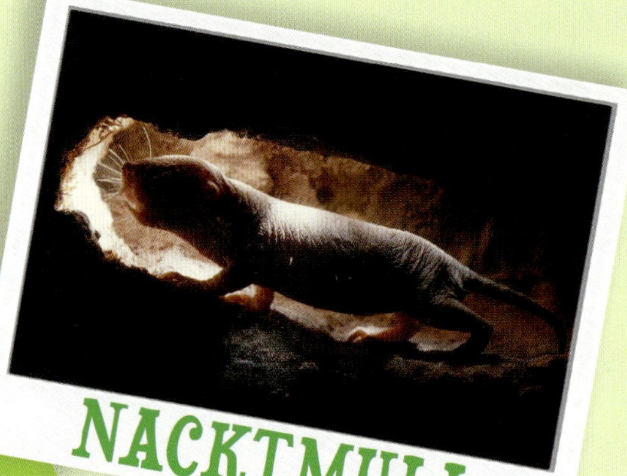

NACKTMULL

Leben unter der Erde

Familie Nacktmull lebt in einem unterirdischen Bau mit mehreren Kammern. Jedes »Familienmitglied« hat dabei eine bestimmte Aufgabe. Für die tägliche Grabearbeit unter der Erde sind unfruchtbare Weibchen zuständig. Gemeinsam schieben sie wie am Fließband aufgewühlte Erde mit dem Kopf zum Ausgang des Baus. Dort werfen die Weibchen, die als »Soldaten« arbeiten, die Erde aus dem Bau und halten Wache, damit keine Schlangen eindringen können.

Familie Nacktmull

Eine Nacktmullfamilie (Kolonie) kann aus 20 bis 300 Tieren bestehen. Doch nur ein einziges Weibchen, die Königin, bringt Junge, überwiegend Weibchen, zur Welt. Wenn die Töchter älter sind, kümmern sie sich um die jüngeren Geschwister und verrichten die Arbeit im Bau.

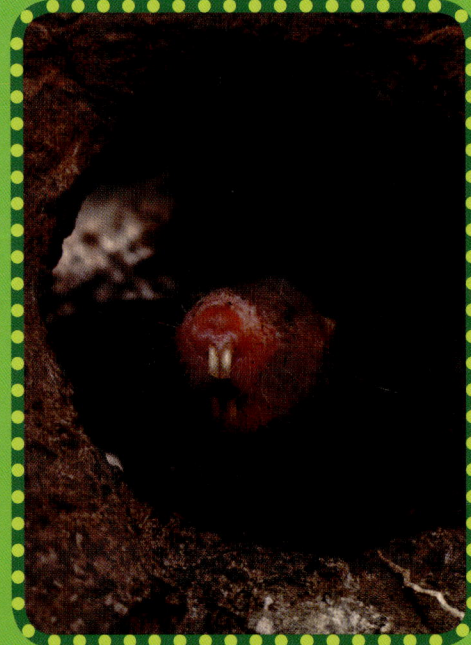

Hier kommt ein Nacktmull aus dem Bau.

Königin mit Kindermädchen

Ständig flitzen die Arbeiterinnen über- und untereinander in den Gängen herum, bringen Futter in die Vorratskammern, bedienen die Königin, säubern die Schlafkammern und das Klo oder passen auf die Jungen auf. Tun die Arbeiterinnen nicht das, was die Königin will, werden sie geschubst und angerempelt. Die Männchen müssen bei Familie Nacktmull nicht arbeiten, sondern sind nur für die Paarung mit der Königin zuständig. Diese verteilt mit ihrem Urin Hormone im Bau, die dafür sorgen, dass die anderen Weibchen unfruchtbar bleiben. Sie selbst bekommt etwa fünfmal im Jahr bis zu 27 Junge, pro Jahr aber meist nicht mehr als 60. Die Nackmullbabys werden zwei Wochen lang gesäugt. Dann können sie feste Nahrung fressen und werden noch eine Weile von ihren älteren Geschwistern versorgt.

Nacktmull beim Fressen

Nacktmullkönigin, die ihre Jungen säugt

SCHON GEWUSST?

Die Rötliche Schnabelnasen-Natter ist der Feind von Familie Nacktmull. Kommt sie in die Nähe des Baus, opfert sich ein Weibchen (Soldat) und verstopft mit seinem Körper den Gang. Hinter ihm schütten die anderen weiblichen Soldaten den Zugang zum Bau zu.

Schlafende Nacktmullkolonie

STECKBRIEF

Großer Panda (Ailuropoda melanoleuca)

Merkmale:
weißes Fell,
schwarze Beine,
Ohren und Augen

Körperlänge:
1,20–1,50 m,
Schwanz 12 cm

Verbreitung:
Westchina

Lebensraum:
subtropische be-
waldete Berghänge

Nahrung:
Pflanzen, vorzugs-
weise Bambus

Tragezeit:
4–5 Monate

PANDA

Familie Panda

Familie Panda besteht nur aus Mutter und Kind, denn Pandaväter kümmern sich nicht um ihren Nachwuchs. Nach 18 Monaten, wenn das Pandakind groß genug ist, um sich selbst zu ernähren, trennen sich die beiden.

Versteckt in der Höhle

Zwischen März und Mai ist Paarungszeit. Vier bis fünf Monate danach bringt Mama Panda ihr Junges in einer Höhle zur Welt. Bei der Geburt ist es etwa so groß wie eine Maus und hat nur wenige weiße Haare. Bekommt sie Zwillinge, beachtet sie eines der beiden Jungen nicht. Es muss sterben, denn sie kann sich nur um ein Kind kümmern. Da das Pandababy noch nicht laufen kann, nimmt sie es ins Maul und trägt es mit sich herum. Zum Stillen legt sie es auf ihren Bauch.

Die Pandamutter knabbert an Bambusblättern.

Ausflüge mit Mama

Wenn das Kind drei bis vier Monate alt ist, darf es zusammen mit seiner Mutter die Höhle verlassen, draußen spielen oder bei Mama auf dem Rücken auf Futtersuche gehen. Mit fünf Monaten kann das Kleine laufen, wird aber immer noch gestillt. Erst mit acht Monaten bekommt es keine Milch mehr, sondern frisst jetzt wie die ausgewachsenen Pandabären nur noch Bambus. Mit 18 Monaten ist das Pandakind schon 1,20–1,30 m groß. Jetzt trennt es sich von seiner Mutter und führt von nun an sein eigenes Leben. Wenn das Kleine nicht selbstständig werden will, jagt die Mutter es davon.

Zwei Pandas beim Klettern

SCHON GEWUSST?

Die Bestände des Großen Pandas in China sind stark gefährdet. In freier Wildbahn leben heute nur noch rund 1600 Tiere.

Im Alter von drei Wochen hat das Baby schon ein schwarzweißes Fell.

Pandababys ohne Mutter werden in Naturschutzzentren mit der Flasche gefüttert.

Pandamutter mit Baby

33

STECKBRIEF

Rotes Riesenkänguru (*Macropus rufus*)

Merkmale:
kräftige Hinterbeine, langer Stützschwanz und rötlich braunes oder blaugraues Fell

Körperlänge:
bis 1,60 m,
Schwanz bis 1,20 m

Verbreitung:
Australien

Lebensraum:
Busch- oder Grasländer, trockene Halbwüsten, trockene Steppen- und Wüsten- gebiete

Nahrung:
Gräser, Blätter, Baumrinde

Tragezeit:
33 Tage

KÄNGURU

Familie Riesenkänguru

Rote Riesenkängurus leben in Familien, die aus einem männlichen Tier, mehreren Weibchen und vielen Kindern bestehen. Jede Mutter versorgt ihre eigenen Jungen, der Vater kümmert sich nicht um den Nachwuchs.

Winzling im Beutel

Bei seiner Geburt ist das Kängurubaby nur 2,5 cm lang. Es krabbelt vom Geburtskanal in den Beutel der Mutter. Dort saugt es sich mit dem Mund an einer der vier Zitzen fest und lässt sie zwei bis drei Monate lang nicht mehr los. Nach 150 Tagen schaut der Kopf des kleinen Kängurus aus dem Beutel. Wenn das Junge etwa sechs Monate alt ist, kriecht es zum ersten Mal heraus. Mit acht Monaten passt es schon nicht mehr in Mamas Beutel. Um Milch zu saugen, streckt es einfach seinen Kopf in den Beutel und sucht eine Zitze.

Riesenkängurufamilie

Drei auf einen Streich

Zwei Tage nach der Geburt paart sich das Weibchen noch einmal. Es entwickelt sich ein Embryo (d. h. ein unvollständiges Minibaby), der nicht weiterwächst, sondern ruht, während das andere Junge im Beutel gestillt wird. Erst wenn das ältere Junge sieben Monate alt ist, entwickelt sich der Embryo weiter zu einem zweiten Kängurubaby. Es wird geboren, wenn das ältere Junge den Beutel endgültig verlassen hat. So kann es kommen, dass die Kängurumutter drei kleine Kinder gleichzeitig hat, eines als Embryo, eines im Beutel und eines, das den Beutel schon verlassen hat.

Kängurumutter mit Jungem im Beutel

Hüpfendes Riesenkänguru

Am Abend oder in der Nacht geht die Familie auf Nahrungssuche. Tagsüber, wenn es heiß ist, halten sie im Schatten der Bäume ein Schläfchen.

SCHON GEWUSST?

Das Rote Riesenkänguru kann bis zu 9 m weit und 3 m hoch springen und erreicht dabei eine Geschwindigkeit von über 60 km/h.

STECKBRIEF

Nord-Opossum (*Didelphis marsupialis*)

Merkmale:
gräuliches Fell, Gesicht oft weiß, Schwanz nackt

Körperlänge:
32–50 cm, Schwanz 25–50 cm

Verbreitung:
Nicaragua, USA, Kanada

Lebensraum:
Wälder und Buschland

Nahrung:
Früchte, Körner, kleine Insekten, kleine Wirbeltiere, Aas

Tragezeit:
12–14 Tage

OPOSSUM

Familie Opossum

Opossums sind nachtaktive Einzelgänger. Die Väter kümmern sich nicht um ihre Kinder. Für die Familie sind nur die Weibchen zuständig. Sie bringen zweimal im Jahr jeweils rund 20 Babys zur Welt und tragen sie mehrere Monate lang im Beutel mit sich herum.

Mama Opossum mit ihren Kindern

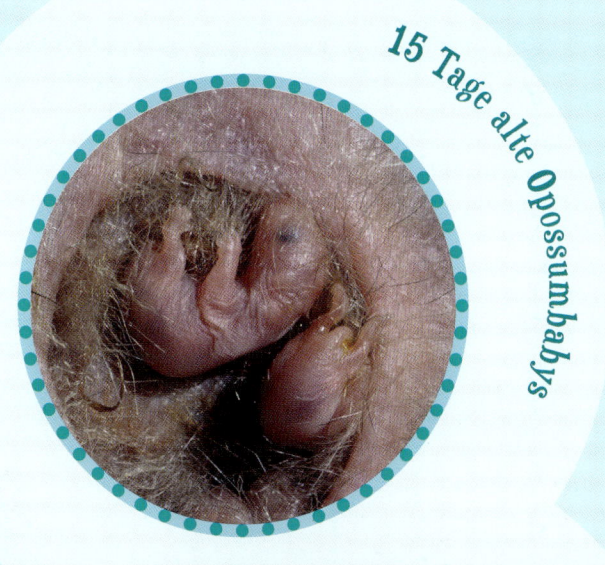

15 Tage alte Opossumbabys

Auf dem Rücken

Wenn die Opossumbabys zur Welt kommen, sind sie nur 1 cm lang und noch unvollständig entwickelt. Im Beutel ihrer Mutter befinden sich 13 Zitzen, an denen sich die Kleinen festkrallen und nuckeln. Später, wenn die Jungen größer sind, wird es im Beutel eng. Einige reiten dann auf Mamas Rücken. Wenn die Opossumkinder zwei bis drei Monate alt sind, brauchen sie ihre Mutter nicht mehr. Im Alter von einem Jahr sind sie ausgewachsen und können selbst Junge bekommen.

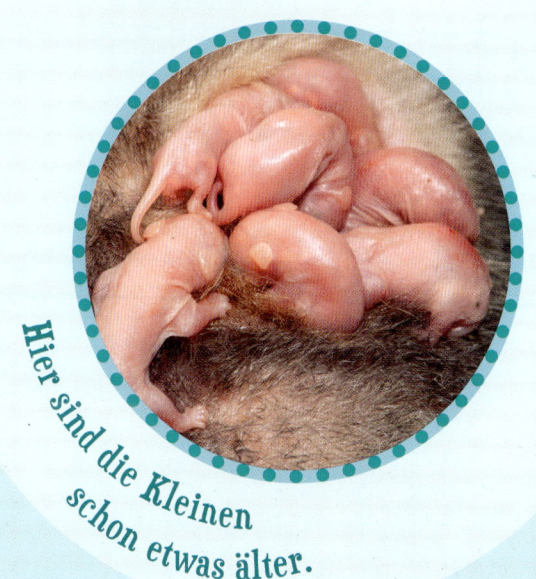

Hier sind die Kleinen schon etwas älter.

SCHON GEWUSST?

Opossums dringen in Amerika zunehmend in Parks und Städte ein und suchen z. B. in Mülleimern nach Nahrung. Wenn sie sich bedroht fühlen, stellen sie sich tot.

Nachtaktiv

Opossums verkriechen sich tagsüber in Felsspalten, hohlen Bäumen, in Bauen oder in Nestern, die sie mit Gräsern und Blättern auslegen. Nachts gehen sie auf Nahrungssuche. Sie können mithilfe ihres Greifschwanzes gut klettern und auch schwimmen.

STECKBRIEF

Schimpanse (Pan troglodytes)

Merkmale:
Arme länger als Beine, schwarzes oder dunkelbraunes Fell, Gesicht unbehaart

Körperlänge:
1,00–1,70 m

Verständigung:
durch Laute und Körperhaltungen

Lebensraum:
Regenwälder und Savannen in Mittelafrika

Nahrung:
Früchte, Nüsse, Blätter, Insekten, kleine Säugetiere

Tragezeit:
8 Monate

Familie Schimpanse

Familie Schimpanse hat 20 bis 80 Mitglieder, darunter Mütter, Väter, Opas, Omas, Tanten, Onkel und natürlich Kinder. Die Schimpansenmütter sind fürsorglich und geduldig. Sie kümmern sich viele Jahre lang liebevoll um ihr Junges und unterstützen es auch noch, wenn es größer ist. Schimpansenväter passen auf die Familie auf und schützen sie vor Gefahren.

Zum Schlafen biegt sich Familie Schimpanse aus Zweigen ein Schlafnest und macht es sich gemütlich.

Familienbande

Angeführt wird die Großfamilie von einem älteren erfahrenen Männchen. In kleineren Gruppen ziehen die Tiere umher und suchen nach Nahrung. Viele Stunden verbringen sie damit, sich gegenseitig das Fell zu pflegen und Läuse zu entfernen. Oft jagen die Alten die Jungen um die Bäume und spielen mit ihnen Fangen.

Schimpansenkinder turnen gern in Bäumen herum.

Enger Kontakt

Mütter bringen ihr Junges an einer geschützten Stelle zur Welt und stillen es bis zum fünften Lebensjahr. In den ersten Lebensmonaten klammert sich das Kleine am Bauch der Mutter fest. Später klettert es auf ihren Rücken und lässt sich herumtragen. Stirbt eine Schimpansenmutter nach der Geburt, kümmern sich die älteren Geschwister oder die Tanten um ihr Kind.

Schimpansenmutter mit Zwillingen

Zwei Schimpansenkinder versuchen, mit Grashalmen Termiten aus einem Termitenhügel zu angeln.

SCHON GEWUSST?

Schimpansen können lachen, grinsen, kreischen und brüllen. Stellt sich ein Tier mit gesträubtem Fell auf die Beine und presst die Lippen zusammen, ist es sehr zornig. Will es zeigen, wer der Boss ist, brüllt es laut, läuft umher, zieht große Äste hinter sich her oder schleudert Steine herum.

Schimpansenweibchen mit zwei unterschiedlich alten Jungen

39

STECKBRIEF

Anubispavian (*Papio anubis*)

Merkmale:
graugrünes Fell, Schnauze schwarz und haarlos, Männchen mit Mähne

Körperlänge:
48–76 cm

Verbreitung:
Afrika

Lebensraum:
Savannen, aber auch Wälder

Nahrung:
Früchte, Gräser, Wurzeln, Knollen, Insekten, Vogeleier, kleine Wirbeltiere

Tragezeit:
etwa 6 Monate

ANUBISPAVIAN

Familie Pavian

Anubispaviane leben in Gruppen, die aus männlichen und weiblichen Tieren und ihren Nachkommen bestehen. Feste Paare oder Kleinfamilien innerhalb der Gruppe gibt es nicht. Um die Jungen kümmern sich in der ersten Zeit die Mütter, später auch andere Gruppenmitglieder.

Mamas und Babysitter

Ein Anubispavianweibchen bringt ungefähr alle zwei Jahre ein Junges mit schwarzem Fell zur Welt. In der ersten Zeit trägt es das Kleine ständig mit sich herum. Ein Jahr lang wird es gestillt, aber auch die anderen Weibchen kümmern sich um das Junge. Wenn die Kinder schon größer sind, spielen auch die Väter mit ihnen oder reichen ihnen das Futter.

Mutter mit Baby

Paviangruppe

Der Kampf der Männchen

Weibliche Anubispaviane bleiben ihr Leben lang in ihrer Geburtsgruppe. Männliche Tiere verlassen diese im Alter von fünf bis acht Jahren. Denn nun sind sie erwachsen, können sich paaren und zu einer anderen Gruppe gesellen. Bevor sie in diese aufgenommen werden, kämpfen sie mit den dort bereits vorhandenen Männchen. Die Sieger im Kampf stehen an der Spitze der Rangordnung, dürfen sich mit allen Weibchen paaren und bekommen das beste Futter.

Paviankinder können schon prima klettern.

Paviane lausen sich gegenseitig. Die Kleinkinder sind immer mit dabei.

SCHON GEWUSST?

Nähert sich ein Feind (z. B. ein Leopard) der Gruppe, gehen die männlichen Tiere gemeinsam gegen ihn vor, sodass sich die Weibchen und Jungen zurückziehen können. Zum Schlafen ziehen sich Anubispaviane meist auf Bäume oder Felsen zurück, wo sie vor Raubtieren sicher sind.

ELEFANT

Gut geschützt

Elefantenbabys können das ganze Jahr über zur Welt kommen. Nach der Geburt wird das Kleine von seiner Mutter gesäugt. Vier Jahre lang bekommt es Muttermilch und wird während der ganzen Kindheit auch von den anderen Mitgliedern der Herde beschützt. Es lernt nach und nach die besten Futter- und Wasserplätze kennen und weiß bald auch, wie man bei Gefahr trompetet.

Familie Elefant

Elefanten leben in einer Herde, die meist aus zehn Elefantenweibchen mit ihren Jungen besteht. Angeführt wird die Gruppe von Oma Elefant, einer alten Leitkuh. Die Väter ziehen allein durchs Land und kümmern sich nicht um ihre Kinder.

Männliche Kinder

Sind die männlichen Elefantenkinder acht Jahre alt, werden sie aus der Herde vertrieben und leben nun allein oder in Junggesellenherden. Sobald sie 12 Jahre alt sind, können sie sich mit Weibchen aus anderen Herden paaren.

Bei den Afrikanischen Elefanten haben männliche und weibliche Tiere Stoßzähne. Sie entwickeln sich zwischen dem ersten und dritten Lebensjahr und wachsen das ganze Leben, etwa 10 cm pro Jahr.

Elefantenbaby

SCHON GEWUSST?

Manchmal treffen mehrere Herden aufeinander und bilden eine Großherde aus mehreren Hundert Tieren. Stirbt die Leitkuh, übernimmt ihre älteste Tochter die Aufgabe, die Herde zusammenzuhalten und anzuführen.

STECKBRIEF

Löwe (Panthera leo)

Merkmale:
sandfarbenes, gelbliches Fell, Männchen mit Mähne am Kopf

Körperlänge:
1,70–2,50 m, Schwanz 1,00 m

Verbreitung:
Afrika, Indien (Staat Gujarat)

Lebensraum:
Savannen, Trockenwälder, Halbwüsten

Nahrung:
Säugetiere, Vögel, seltener Fische

Tragezeit:
4 Monate

LÖWE

Löwenrudel

Familie Löwe

Bei den Löwen haben die Väter das Sagen. Sie verteidigen das Revier und beschützen ihre Großfamilie. Für den Nachwuchs sind sie nicht zuständig und auch das Jagen überlassen sie den Weibchen. Doch irgendwann werden sie von einem jüngeren, stärkeren Männchen vertrieben.

Löwenkinder im Versteck

Löwenweibchen, die miteinander verwandt sind, und deren Junge bilden zusammen eine Großfamilie (Rudel). Zur Geburt sondert sich die Löwenmutter vom Rudel ab und bringt in einem Versteck meist vier Löwenbabys zur Welt. Die Kleinen sind blind und haben eine Größe von etwa 50 cm. Sechs bis acht Wochen lang werden sie von Mama Löwe gesäugt und bleiben in ihrem Versteck, während sie auf die Jagd geht.

Löwenvater mit Jungtier

Leben im Rudel

Wenn die Jungen etwa acht Wochen alt sind, begleiten sie ihre Mutter zum Rudel. Von nun an werden sie auch von den anderen Müttern versorgt und dürfen bei diesen ebenfalls saugen, bis sie etwa sechs Monate alt sind. Löwenmädchen bleiben ihr Leben lang in dem Rudel, in dem sie geboren wurden. Männliche Löwenkinder streifen, wenn sie älter sind, als Einzelgänger durchs Land und schließen sich zu Männergruppen zusammen. Später erobern sie sich durch Kämpfe eine Gruppe Weibchen, vertreiben den alten Rudelführer und töten häufig auch seine Jungen.

Löwenvater und Jungtiere beim Fressen. Die Mutter schaut zu.

Die Löwenmutter passt gut auf ihre Jungen auf.

Löwenmutter und ihre Babys

SCHON GEWUSST?

Löwenweibchen gehen oft gemeinsam auf die Jagd. Sie kreisen die Beute ein oder legen sich in einem Hinterhalt auf die Lauer. Ist das Beutetier (z. B. eine Antilope oder Gazelle) erlegt, darf der Rudelanführer zuerst fressen. Er bekommt den >>Löwenanteil<<, dann kommen die ranghöchsten Weibchen und zuletzt die Löwenkinder dran.

45

STECKBRIEF

Giraffe (*Giraffa camelopardalis*)

Merkmale:
2 m langer Hals,
grob geflecktes Fell

Körperlänge:
3,80–4,70 m,
Schwanz 80–100 cm

Verbreitung:
Afrika südlich der Sahara

Lebensraum:
Savannen mit Schirm-akazien, Dornbusch-steppen und lichte, fluss-begleitende Wälder

Nahrung:
vor allem Blätter und
Triebe von Akazien-bäumen

Tragezeit:
15 ½ Monate

Familie Giraffe

Giraffen sind Herdentiere, die gemeinsam umherstreifen. Die Gruppe umfasst meist zehn bis zwanzig Tiere, darunter mehrere Weibchen und ihre Jungen sowie ein bis zwei Väter. Manche Väter leben aber auch als Einzelgänger.

Plumps!

Mama Giraffe bringt meist nur ein Junges auf die Welt. Die Geburt erfolgt im Stehen, deshalb plumpst das Kleine aus 2 m Höhe auf den Boden. Doch schon nach einer halben Stunde kann es stehen und laufen. Neugeborene Giraffen haben etwa eine Größe von 1,80 m – ungefähr so viel wie ein großer erwachsener Mensch.

Giraffenherde

Giraffenmutter mit ihrem Jungen

SCHON GEWUSST?

Giraffen schlafen kaum. Sie ruhen im Wachzustand, auch im Stehen. So merken sie es sofort, wenn ein Feind naht und Gefahr droht.

Immer in der Nähe

Mindestens ein Jahr lang wird das Giraffenbaby von seiner Mutter gestillt, kann aber schon im Alter von drei Wochen zusätzlich feste Nahrung zu sich nehmen. Mit einem Fiepen oder Grunzlaut ruft die Giraffenmama ihr Kind zu sich, wenn es sich zu weit von ihr entfernt hat. Wenn die kleine Giraffe 17 Monate alt ist, gehen Mutter und Kind getrennte Wege.

STECKBRIEF

Tüpfelhyäne (Crocuta crocuta)

Merkmale:
Fell sandgelb, am Rücken, seitlich und an den Beinen schwarze und dunkelbraune Flecken

Körperlänge:
1,25–1,60 m, Schwanz 22–27 cm

Verbreitung:
Afrika südlich der Sahara

Lebensraum:
Halbwüste, Savanne, offene Waldgebiete, Gebirgswälder

Nahrung:
Raupen, Wirbeltiere, Aas

Tragezeit:
3 ½ Monate

TÜPFELHYÄNE

Familie Tüpfelhyäne

Tüpfelhyänen leben in großen Gruppen (Clans) aus zehn bis achtzig Tieren, die ihre Jungen in einem höhlenartigen Bau mit mehreren Eingängen gemeinsam großziehen. Angeführt wird der Clan von einem Weibchen, auch die nächsthöheren Plätze der Rangordnung sind von weiblichen Tieren besetzt. Die Väter haben bei den Tüpfelhyänen nicht viel zu sagen. Sie dürfen erst ganz zum Schluss von der Beute fressen.

Kinderreiche Frauen-WG

Treue kennen Tüpfelhyänen nicht. Männchen und Weibchen paaren sich mit mehreren Partnern. Da alle Weibchen im Clan irgendwann Junge bekommen, leben in einem Gemeinschaftsbau oft bis zu 30 Jungtiere. Jedes Weibchen säugt jedoch nur die eigenen Nachkommen.

Mutter und 22 Tage alte Jungtiere vor dem Höhlenbau

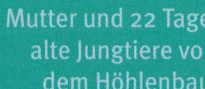

48

Baby-Kämpfe

Bei der Geburt haben Tüpfelhyänenbabys ein schwarzes Fell, offene Augen und Milchzähne. Die ersten zwei bis fünf Wochen verbringen sie in einem eigenen Bau, später bewohnen sie für acht bis zwölf Monate den Gemeinschaftsbau. Die neugeborenen Geschwister kämpfen von Anfang an gegeneinander, um am meisten Muttermilch abzubekommen und damit die Rangfolge festzulegen. Wenn die Tüpfelhyänen ein Jahr alt sind, begleiten sie ihre Mutter in der Abenddämmerung das erste Mal bei der Nahrungssuche. Die weiblichen Tiere bleiben lebenslang in ihrer Geburtsgruppe. Die männlichen Jungen müssen ihren Clan im Alter von zwei Jahren, wenn sie geschlechtsreif sind, verlassen und wandern einer anderen Hyänengruppe zu.

Diese Tüpfelhyänenmutter leckt ihr Kleines liebevoll ab.

Hyänen lachen, bevor sie ein Beutetier zerreißen. Mit dem Lachen rufen Hyänen ihre Rudelmitglieder und zeigen ihnen durch den Ton ihrer Stimme, welchen Rang sie haben. Hochrangige Weibchen dürfen als Erste von der Beute fressen.

Tüpfelhyänenmutter mit drei Tage altem Baby

SCHON GEWUSST?

Tüpfelhyänen sind gute Jäger und können sehr schnell (bis zu 55 km/h) rennen. Beutetiere erlegen sie selbst. Manchmal jagen sie aber auch anderen Fleischfressern erfolgreich die Beute ab. Weil sie sehr starke Verdauungssäfte haben, können sie auch das, was andere Raubtiere übrig lassen, wie Knochen, Hörner und Hufe, gut verdauen. Haare werden als Haarknäuel wieder herausgewürgt.

Breitmaulnashorn (Ceratotherium simum)

Merkmale:
breites Maul,
zwei Hörner auf der Nase

Körperlänge:
3,00–4,00 m

Verbreitung:
Zentral- und Südafrika

Lebensraum:
trockene Steppen,
Savannen, halboffene
Landschaften,
lichte Waldränder

Nahrung:
Gras, Kräuter, Blätter

Tragezeit:
16–18 Monate

BREITMAUL-NASHORN

Nashornfamilie

Familie Breitmaulnashorn

Breitmaulnashörner leben in Gruppen von
ungefähr zehn Tieren, die aus Müttern
und ihren Kindern und manchmal auch
einzelnen männlichen Tieren bestehen. Die Väter sind Einzelgänger und
kümmern sich nicht um die Jungen.

Mama ist alleinerziehend

Zur Paarung sondern sich die Weibchen von
der Gruppe ab. Kurz danach trennen sie sich
von den Männchen und schließen sich wieder ihrer Gruppe an. Nach 16 bis 18 Monaten
bringt die Nashornmutter ein Junges zur
Welt. Das Neugeborene kann kurz nach der
Geburt schon stehen
und nach drei
Tagen laufen,
um seiner
Mutter zu
folgen.

Nashornmama
mit Kind

Beschützt durch die Herde

Mama Nashorn stillt ihr Junges ein Jahr lang und beschützt es in der Herde vor Angriffen durch Fleischfresser (z. B. Löwen). Zwei Jahre lang bleibt es bei ihr, dann verlässt es die Gruppe. Weibchen sind im Alter von drei bis vier Jahren, Männchen mit sechs oder sieben Jahren geschlechtsreif.

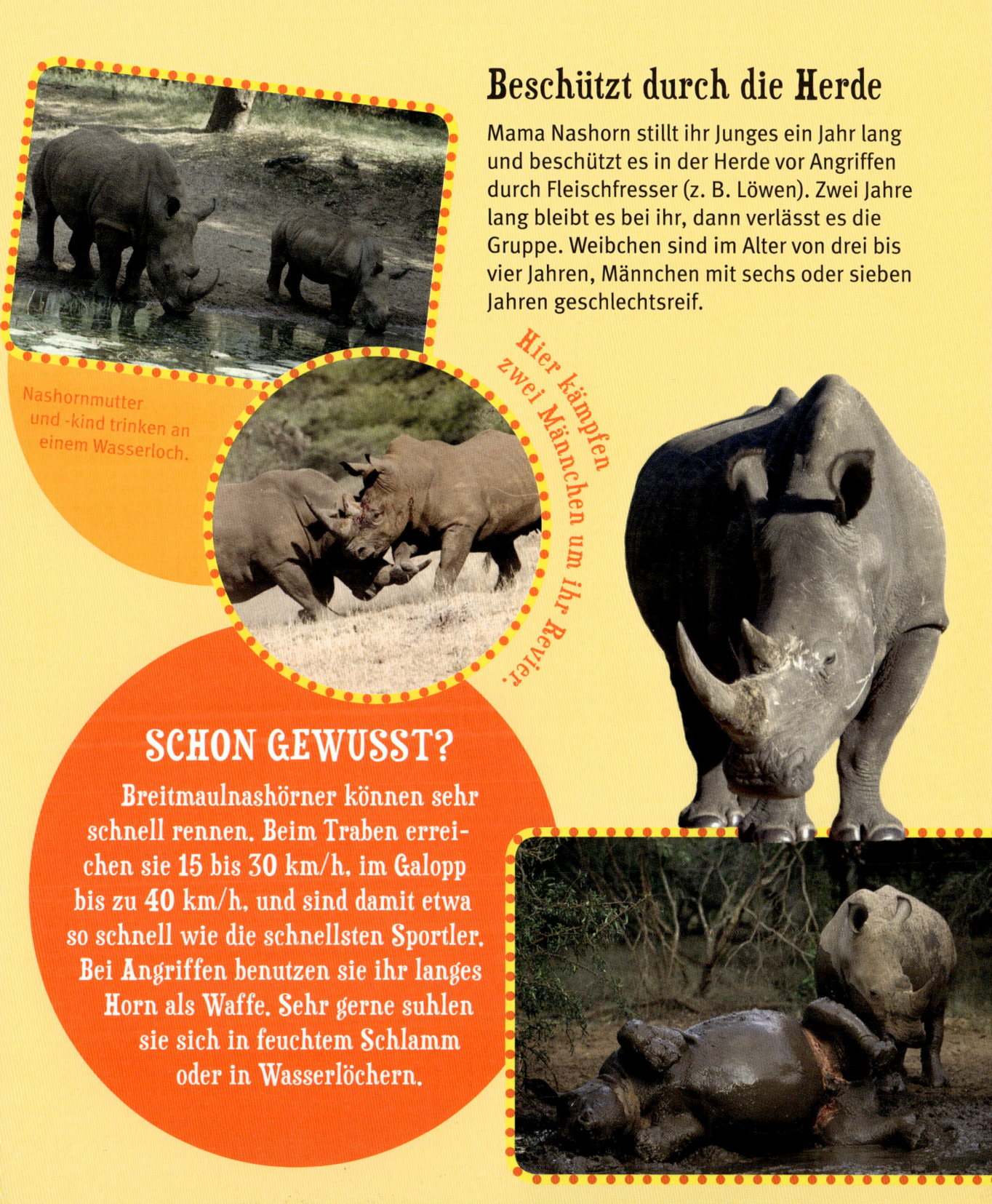

Nashornmutter und -kind trinken an einem Wasserloch.

Hier kämpfen zwei Männchen um ihr Revier.

SCHON GEWUSST?

Breitmaulnashörner können sehr schnell rennen. Beim Traben erreichen sie 15 bis 30 km/h, im Galopp bis zu 40 km/h, und sind damit etwa so schnell wie die schnellsten Sportler. Bei Angriffen benutzen sie ihr langes Horn als Waffe. Sehr gerne suhlen sie sich in feuchtem Schlamm oder in Wasserlöchern.

EISBÄR

STECKBRIEF

Eisbär (Ursus maritimus)

Merkmale:
weißes Fell

Körperlänge:
2,40–3,40 m

Verbreitung:
Nordpol

Lebensraum:
Küste, Meereis, Treibeis

Nahrung:
vor allem Robben, Fische, Seevögel

Tragezeit:
8 Monate

Höhlenkinder

Die Jungen, meist Zwillinge, kommen im Winter in einer Schneehöhle zur Welt. Sie sind blind, taub und nur 30 cm lang. Im Alter von drei bis vier Monaten verlassen sie zum ersten Mal die Höhle.

Dieses Eisbärenbaby hat zum ersten Mal die Schneehöhle verlassen.

Familie Eisbär

Ein Familienleben kennen Eisbären nicht. Sie sind Einzelgänger. In den ersten beiden Lebensjahren werden die Jungen von ihrer alleinerziehenden Mutter versorgt. Sie bringt ihnen bei, wie man im Eismeer überlebt, jagt und Beutetiere erlegt.

Der erste Spaziergang mit Mama

Eisbärenfell

Eisbären haben ein sehr dichtes Fell, das gut vor Kälte schützt und an dem das Wasser abläuft. Die Fußsohlen sind dicht behaart, damit die Tiere keine kalten Füße bekommen und auf dem Eis nicht ausrutschen. Unter dem Fell liegt eine dicke Fettschicht, die wie das Fell vor Wärmeverlust schützt.

Eisbären-kinder folgen ihrer Mutter überallhin.

Im Meer schwimmt das Kleine dicht neben Mama her.

Eisbärenschule

Wenn die Bärenkinder etwas älter sind, nimmt ihre Mutter sie mit ins Eismeer. Dort dürfen sie die von ihr erlegten Robben mitessen und lernen nach und nach, wie man im Eismeer Nahrung findet. Die Eisbärenmutter säugt ihre Kleinen 1 ½ bis 2 ½ Jahre lang. Doch nur die Hälfte der Jungtiere überlebt die ersten fünf Jahre.

SCHON GEWUSST?

Weil durch die Klimaerwärmung das Packeis im Polarmeer schmilzt, gehen manche Wissenschaftler davon aus, dass die Eisbären in einigen Hundert Jahren ausgestorben sein werden. Andere glauben, dass der Fortbestand des Eisbären vor allem durch die Robbenjagd und die Förderung von Erdöl und Erdgas in der Arktis gefährdet ist.

VÖGEL

Vögel sind Wirbeltiere, von denen die meisten fliegen können. Weltweit gibt es 10 350 Vogelarten.

Kennzeichnend für alle Vögel ist:

- Sie haben Flügel.
- Ihr Körper ist von Federn bedeckt.
- Sie nehmen Nahrung mit einem Schnabel ohne echte Zähne auf.
- Sie halten (unabhängig von der Außentemperatur) eine gleich warme Körpertemperatur aufrecht.
- Sie legen (meist in einem Nest) Eier mit einer harten Schale, die ausgebrütet werden und aus denen die Jungvögel schlüpfen.

Die **Nachtigall** ist ein Singvogel. Ihre Jungen sind Nesthocker.

Bei den Jungvögeln unterscheidet man Nesthocker, Nestflüchter und Platzhocker:

Singvögel, Tauben, Störche, Greifvögel, Segler und Spechte zählen zu den **Nesthockern**. Wenn die Jungen aus dem Ei schlüpfen, sind sie meist nackt und blind. Die Vogeleltern müssen sie unter ihre Fittiche (Flügel) nehmen, damit sie es warm haben, und ihre Kleinen regelmäßig füttern. Erst wenn die Jungvögel größer sind, Federn haben und bald fliegen können, verlassen sie das Nest.

Entenvögel und Kraniche sind **Nestflüchter**. Die Küken, die aus den Eiern schlüpfen, tragen Daunen, die den Körper warm halten. Sie können von Anfang an sehen, hören und ganz alleine ohne elterliche Hilfe Futter zu sich nehmen. Schon am ersten oder zweiten Lebenstag verlassen sie das Nest, folgen dem Muttertier (manchmal auch einem anderen lebenden Wesen), laufen, schwimmen oder tauchen. Die Vogelmama passt auf, dass die Kleinen in ihrer Nähe bleiben, und schützt sie vor Angreifern.

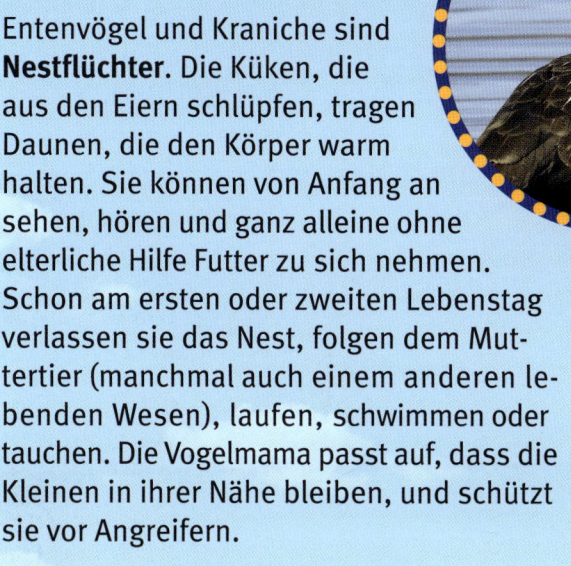

Graugans mit Küken

Straußenjunge sind Nestflüchter.

Platzhocker (wie Möwen und Pinguine) haben beim Schlüpfen zwar schon Federn, bleiben aber im Nest, wo sie gewärmt und gefüttert werden.

AMSEL

STECKBRIEF

Amsel (*Turdus merula*)

Merkmale:
schwarzes bzw. schwarzbraunes Gefieder, gelblicher Schnabel

Körperlänge:
24–27 cm

Lebensraum:
Wälder, Feldgehölze, Streuobstwiesen, Parks, Gärten

Nahrung:
Beeren, Früchte, Würmer, Schnecken, Insekten, Spinnen

Brutzeit:
zweimal im Jahr, zwischen Ende März und August

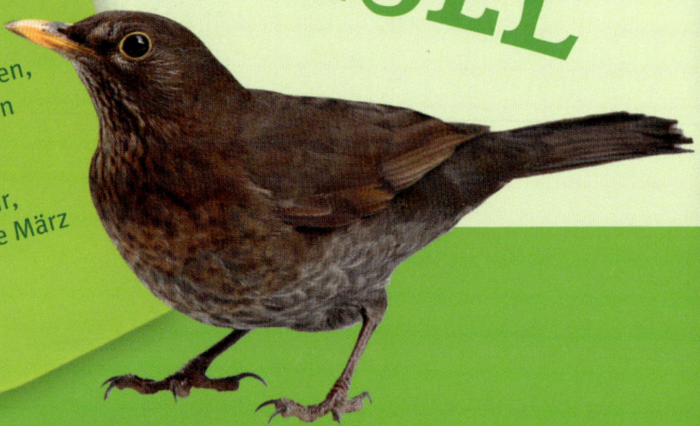

Familie Amsel

Amseleltern haben ein gemeinsames Ziel, nämlich Amselkinder großzuziehen. Deshalb bleiben sie während der Brutzeit ein Paar und trennen sich nur, wenn bei der Brut etwas schiefgeht. Der Vater sucht meist den Nistplatz aus, bewacht die Eier und hilft mit beim Füttern der Jungen. Die Hauptarbeit mit dem Nachwuchs übernimmt aber die Amselmama.

Gut verstecktes Nest

Hat der Amselvater einen geeigneten Nistplatz gefunden, beginnt die Mutter mit dem Nestbau. Auf Bäumen und Sträuchern baut sie aus dünnen Zweigen und dicken Halmen ein schalenförmiges Nest, verfestigt es mit feuchter Erde und kleidet es mit Gras, Laub, Moos und Schlamm aus. Durch herabhängende Zweige und Blätter ist das Nest von oben geschützt. Nun kann sie Eier legen, meist vier bis fünf an der Zahl.

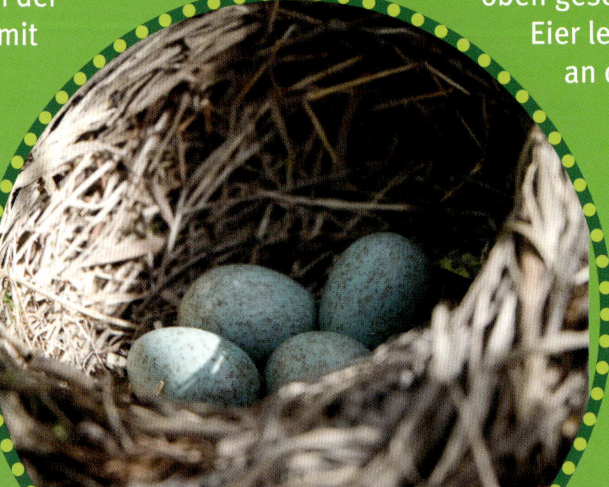

Amselnest mit vier Eiern

Hier füttert Mama ...

... und hier Papa.

Arbeitsteilung

Mama Amsel verlässt das Nest nur, wenn sie Hunger hat. Ist sie zur Futtersuche unterwegs, bewacht Papa das Gelege. Das Brüten selbst ist bei Familie Amsel Frauensache. Nach 10 bis 19 Tagen schlüpfen die Jungen. Mama nimmt sie schützend unter ihr Gefieder. Beim Füttern wechseln sich die Eltern ab. Nach 13 Tagen verlassen die Amselkinder zum ersten Mal das Nest und halten sich dabei meist am Boden auf. Im Alter von 20 Tagen können sie fliegen und sich selbst am Boden Futter suchen. Nach 35 Tagen sind sie ganz selbstständig.

Ein Amselkind, das noch nicht fliegen kann

SCHON GEWUSST?

Hat es mit der ersten Brut geklappt, beginnen viele Amselpaare gleich mit der Zweitbrut. Während das Weibchen Eier legt oder schon wieder brütet, füttert das Männchen die älteren Amselkinder, die inzwischen flügge geworden sind.

STECKBRIEF

Kohlmeise (*Parus major*)

Merkmale:
Unterseite gelb mit schwarzem Längsband über Brust und Bauch, Scheitel, Kehlfleck und Kragen, Wangen weiß

Körperlänge:
14 cm

Lebensraum:
Laub- und Mischwälder, Parks und Gärten

Ruf:
zizibäh zizibäh

Nahrung:
Insekten, Spinnen, Samen, Beeren, Knospen, Nüsse

Brutzeit:
März und Juni

Brutdauer:
12–15 Tage

KOHLMEISE

Familie Kohlmeise

Bei Familie Kohlmeise kümmern sich beide Elternteile abwechselnd um die Kinder. Brütet die Meisenmutter die Eier aus, wird sie vom Männchen gefüttert. Sind die Jungen geschlüpft, bringen Mutter und Vater Nahrung herbei und stopfen die hungrigen Schnäbel ihrer Kleinen.

Nisthöhle einer Kohlmeise

Kohlmeisennest mit acht Eiern

Höhlenbrüter

Das Nest von Familie Kohlmeise liegt gut geschützt in Baum- oder Mauerhöhlen in einer Höhe von 3 bis 5 m. Sehr gern werden Nistkästen, aber auch Briefkästen, Regenrinnen oder Ampelanlagen als Nistplatz angenommen. Innen besteht das napfförmige Nest meist aus Moos oder Halmen und wird zusätzlich mit Tierhaaren, Federn oder Wolle ausgepolstert.

Kohlmeisenpaar mit drei Tage alten Küken

Pausenlos füttern

Zweimal im Jahr legt das Weibchen seine Eier ins Nest, meist sieben bis zwölf an der Zahl. Sie sind 1,30 bis 1,80 cm groß und weiß mit rötlichen Flecken. Sind alle Jungen geschlüpft, wird es stressig für Mama und Papa Kohlmeise. Pausenlos fliegen beide aus, sammeln Blattläuse, Raupen und Spinnen und füttern damit ihren Nachwuchs.

SCHON GEWUSST?

Kohlmeiseneltern bleiben (meist) ein Leben lang zusammen, wenn die Jungenaufzucht gut klappt. Die Paare trennen sich jedoch häufig, wenn es zu Störungen von außen kommt, z. B. wenn man (wie Wissenschaftler das in einem Experiment getan haben) Eier aus dem Meisennest entfernt. Paare, denen man zusätzliche Eier ins Nest legt, bleiben sich jedoch weiter treu.

Hungrige Kohlmeisenkinder im Nistkasten

59

STECKBRIEF

Schwarzspecht (Dryocopus martius)

Merkmale:
Gefieder schwarz mit rotem Scheitel

Körperlänge:
55–58 cm

Lebensraum:
Laub- und Mischwälder mit alten Bäumen

Nahrung:
Insekten, vor allem Ameisen

Brutzeit:
im April

SCHWARZ-SPECHT

Familie Schwarzspecht

Familie Schwarzspecht nistet in selbst gezimmerten Baumhöhlen, die in einer Höhe von 10 bis 20 m in morschen Bäumen angelegt werden. Vater und Mutter kümmern sich gemeinsam um den Nachwuchs, die Arbeit wird einfach aufgeteilt. Für den Innenausbau der Höhle ist der Vater zuständig und nachts sitzt er (nicht das Weibchen!) brütend auf den Eiern.

Geschützt in der Höhle

Im April legt Mama Schwarzspecht zwei bis sechs weiße Eier in die Bruthöhle, dann wird abwechselnd gebrütet. Nach 13 Tagen schlüpfen die Jungvögel. In den ersten Tagen werden sie von den Eltern mit ihren Flügeln gewärmt und mit einem Nahrungsbrei aus Ameisen und Ameisenlarven gefüttert. Die Eltern halten auch die Höhle sauber, indem sie den Kot der Kleinen entfernen.

Schwarzspechte zimmern ihre Bruthöhle selbst.

Der erste Ausflug

Wenn die kleinen Schwarzspechte 17 Tage alt sind, zeigen sie sich erstmals am Höhleneingang und werden von außen gefüttert. Nach spätestens 31 Tagen sind sie flügge und dürfen zusammen mit ihren Eltern ausfliegen.

Schwarzspecht-männchen mit Jungvögeln vor der Bruthöhle

Schwarzspechtweibchen mit Jungvogel

SCHON GEWUSST?

Schwarzspechtpaare bleiben sich ein Jahr lang treu. Manchmal verpaaren sie sich im nächsten Jahr wieder mit demselben Brutpartner, manchmal suchen sie sich neue. Die Geschlechter finden sich durch Trommeln, d. h., die Spechte hämmern in schneller Folge mit dem Schnabel gegen Baumstämme, Bleche oder hohle Gegenstände.

KUCKUCK

Familie Kuckuck

Bei Familie Kuckuck ist es nicht üblich, dass sich die Eltern selbst um die Jungen kümmern. Das Brüten und Füttern überlässt man lieber Pflegefamilien, z. B. Familie Rohrsänger, Rotschwanz, Rotkehlchen, Bachstelze oder Zaunkönig.

Platz da!

Ist ein geeignetes Nest gefunden, vertreibt das Kuckuckspaar die Eigentümer. Nun kann das Weibchen ein Ei legen. Insgesamt verteilt es etwa zehn Eier in fremden Nestern. Danach kümmern sich Mutter und Vater nicht mehr um ihren Nachwuchs. Die Pflegeeltern brüten das Kuckucksei zusammen mit ihren eigenen Eiern aus. Nach zwölf Tagen schlüpft ein kleiner Kuckuck. Er schiebt die anderen Eier oder Jungvögel zur Seite, bis sie alle aus dem Nest fallen.

Nest des Teichrohrsängers mit eigenen Eiern und einem (größeren) Kuckucksei

Der frisch geschlüpfte Kuckuck versucht, die anderen Eier aus dem Nest zu werfen.

Der kleine Kuckuck will das Junge seiner Pflegeeltern aus dem Nest stoßen.

Groß und gefräßig

Wenn der kleine Kuckuck hungrig ist, piepst er laut und sperrt seinen Schnabel weit auf. Dann kommen Pflegemama oder -papa angeflogen und bringen Futter herbei. Sobald sie seinen orangeroten Rachen sehen, stopfen sie Insekten hinein. Weil der Jungvogel gut ernährt wird, wächst er schnell und kann nach 20 Tagen fliegen. Obwohl er dann schon größer ist als seine Pflegeeltern, füttern diese ihn noch einige Wochen lang, auch außerhalb des Nests.

Ein Teichrohrsänger füttert das Kuckucksjunge im Nest.

SCHON GEWUSST?

Der ausgewachsene Kuckuck frisst vor allem giftige, haarige Schmetterlingsraupen. Die frisch geschlüpften Jungvögel vertragen diese aber noch nicht. Vielleicht ist das der Grund, warum der Kuckuck seine Jungen von fremden Vögeln füttern lässt!

KOLKRABE

Familie Kolkrabe

Kolkrabenpaare bleiben einander lebenslang treu und »Rabeneltern« sind sie keineswegs. Beide erkennen sich gegenseitig an der Stimme, bauen ihr Nest gemeinsam und kümmern sich aufopferungsvoll um die Jungen.

Rabennest

Das Nest wird auf Bäumen, Gebäuden oder Felswänden errichtet. Es ist rund und besteht aus groben, toten Ästen. Innen ist es mit Erde, Wolle oder Haaren ausgepolstert. Im Februar beginnt das Weibchen dann mit der Eiablage. Das Gelege besteht aus zwei bis sieben Eiern. Sie sind klein, hellgrün und haben grünlich graue bis olivbraune Flecken.

Rabenjunge im Nest

Rabeneltern

Nach 19 bis 21 Tagen schlüpfen die Jungvögel. Sie sperren ihren Schnabel weit auf, damit sie gefüttert werden. In den ersten zwei Wochen wärmt Mama Kolkrabe ihren nackten und blinden Nachwuchs. Sie zerkleinert das Futter, das das Männchen bringt, und füttert damit die Kleinen. Erst wenn alle satt sind, frisst sie selbst etwas. Solange die Rabenkinder noch klein sind, bringt der Rabenvater ihre Kotballen mit dem Schnabel weg. Später beteiligt er sich auch an der Fütterung. Anfang Mai sind die Jungvögel flügge und verlassen das Nest, werden aber noch weitere zwei bis drei Monate von den Eltern versorgt.

Ein Kolkrabenmännchen übergibt dem Weibchen ein Geschenk.

Ältere Rabenjunge im Nest

Manche Jungvögel, die das Nest schon verlassen haben, betteln ihre Eltern weiterhin an, obwohl sie sich ihre Nahrung schon selbst suchen können.

SCHON GEWUSST?

Der schlechte Ruf der Raben geht wahrscheinlich auf einen Übersetzungsfehler in der Bibel zurück. Dort steht im Buch Hiob, 38. Kapitel, Vers 41: >>Wer bereitet dem Raben seine Nahrung, wenn seine Jungen schreien zu Gott und umherirren ohne Futter?<< Martin Luther übersetzte diese Stelle so: >>Wer bereitet dem Raben die Speise, wenn seine Jungen zu Gott rufen und irrefliegen, weil sie nichts zu essen haben?<< Bibeldeuter schlossen daraus, dass Raben ihren Nachwuchs vernachlässigen.

STRAUSS

Familie Strauß

Vater Strauß hat nicht nur eine Frau, sondern mehrere. Trotzdem bleibt er mit seiner Haupthenne oft mehrere Jahre lang zusammen. Er legt die Nestgrube an, wechselt sich mit ihr beim Brüten ab, beschützt die Jungvögel und hilft mit beim Füttern.

Eiersammler

Mit den Füßen kratzt der Straußenvater eine oder mehrere Nestgruben aus, die einen Durchmesser von ungefähr 3 m haben. Zuerst legt die Straußenmutter, seine Haupthenne, dort acht bis zwölf Eier ab, dann kommen die Nebenhennen dran, meist junge Straußenweibchen, die jeweils weitere zwei bis fünf Eier legen. Insgesamt landen in einem Straußennest bis zu 80 Eier. Nachdem die Straußenmutter die Nebenhennen vertrieben hat, bleibt sie zusammen mit dem Männchen beim Nest.

Ein Straußenei ist weiß, wiegt bis zu 1,9 kg und hat einen Durchmesser von 15 cm.

Arbeitsteilung

Etwa 20 Eier kann Mama Strauß mit ihrem Körper bedecken und bebrüten. Liegen mehr als 20 Eier im Nest, entfernt sie einen Teil der Eier der Nebenhennen und legt ihre eigenen in die Mitte, wo sie am besten geschützt sind. Tagsüber ist sie selbst mit dem Brüten dran, nachts ist Papa an der Reihe. Nach sechs Wochen Brutzeit schlüpfen die Straußenküken. Die Straußeneltern schützen ihren Nachwuchs vor Sonne und Regen, indem sie ihre Flügel über die Kleinen legen. Wenn diese drei Tage alt sind, verlassen sie das Nest und trippeln den Großen nach.

SCHON GEWUSST?

Wenn sich zwei Straußenfamilien treffen, kommt es nicht selten zu Kämpfen. Das siegreiche Paar übernimmt den Nachwuchs des unterlegenen Paares. Ein einziges Straußenpaar kann auf diese Weise bis zu 380 Küken um sich scharen. Da die Jungvögel häufig Raubtieren wie Löwen und Leoparden zum Opfer fallen, werden jedoch nur etwa 15 Prozent älter als ein Jahr. Indem die Straußeneltern Eier von Nebenhennen ausbrüten und fremde Küken um ihre eigenen scharen, schützen sie ihren Nachwuchs. Denn bei einem Angriff von Raubtieren sind mit hoher Wahrscheinlichkeit die fremden, außen befindlichen und nicht die eigenen, innen befindlichen Nachkommen betroffen.

Straußenküken haben ein hellbraunes Daunenkleid. Im Alter von einem Jahr sind sie so groß wie ihre Eltern.

Familie Strauß macht einen Spaziergang.

STECKBRIEF

Kaiserpinguin (Aptenodytes forsteri)

Merkmale:
Unterseite weiß,
Oberseite graublau,
Kopf schwarz,
Brust gelblich weiß

Körperlänge:
1,00–1,30 m

Verbreitung:
Antarktis (Südpol)

Lebensraum:
kalte Gewässer der
Antarktis, Meereis,
Packeis

Nahrung:
Fische, Tinten-
fische, Krill
(Kleinkrebse)

Brutzeit:
Mai, Juni

KAISER-PINGUIN

Familie Kaiserpinguin

Bei Familie Kaiserpinguin legt das Weibchen das Ei, aber beim Brüten und Füttern des Kükens wechseln sich Mutter und Vater ab. Damit der Nachwuchs besser vor eisiger Kälte und Gefahren geschützt ist, brüten viele Elternpaare gleichzeitig am selben Ort und bilden eine Brutkolonie.

Zwei Wochen altes Pinguinjunges

Brutkolonien

Nach der Paarung wandern viele Kaiserpinguine gemeinsam landeinwärts über das zugefrorene Meer zu ihren Brutplätzen. Dort bilden die werdenden Eltern gemeinsam an einer windgeschützten Stelle eine Brutkolonie. Jede Kaiserpinguinmama legt ein Ei ab und kehrt dann ins Meer zurück, um Futter zu suchen. Der Pinguinvater legt sich das Ei auf die Füße und deckt es mit seiner Bauchfalte zu. Nun kann er es herumtragen.

Küken, die auf ihre Eltern warten, stehen dicht beieinander, um sich besser vor Kälte zu schützen. Sie bilden eine Art »Kindergarten«.

SCHON GEWUSST?

Pinguine besitzen ein wasserdichtes Gefieder, das gut vor Kälte schützt, und als Nahrungsvorrat eine dicke Fettschicht. Die Füße der Kaiserpinguine sind oben, wo das Ei liegt, stark, an der Unterseite dagegen nur sehr gering durchblutet. Dadurch geht wenig Körperwärme an den eisigen Boden verloren.

Innerhalb der Kolonie wechseln die Tiere ständig die Plätze. Wer im warmen Inneren stand, muss sich auch mal an den Rand der Kolonie stellen, wo ein eisiger Wind weht.

Ausgehungerte Väter

64 Tage lang brüten die Väter in eisiger Kälte und verlieren dabei ein Drittel ihres Körpergewichts. Dann schlüpfen die Jungen, die zuerst einmal in Papas Bauchfalte bleiben und von ihm mit einer milchigen Flüssigkeit aus der Speiseröhre gefüttert werden. Die Mütter, die sich in der Zwischenzeit im Meer vollgefressen haben, kehren nun mit drei Kilogramm vorverdautem Fisch zurück. Die Paare erkennen sich gegenseitig an der Stimme. Während die Pinguinmütter ihre Jungen mit Fisch füttern, wandern die Väter zum Meer, um Nahrung zu erbeuten. So wechseln sich Mama und Papa mit dem Füttern ab.

Kaiserpinguine können sehr gut tauchen.

Die Kaiserpinguine kommen gerade aus dem Meer zurück.

69

REPTILIEN

Reptilien, zu denen Arten wie Eidechse, Krokodil, Schlange oder Schildkröte zählen, werden auch Kriechtiere genannt. Weltweit gibt es mehr als 8160 Reptilienarten.

Typisch für Reptilien ist:

- Sie besitzen einen Schwanz.
- Ihre Haut ist von Hornschuppen bedeckt.
- Sie legen Eier mit weicher Schale, aus denen Jungtiere schlüpfen. Einige Arten sind lebendgebärend, bekommen also lebendige Junge.
- Sie sind wechselwarme Tiere, d.h., sie passen ihre Körpertemperatur der Umgebung an.

FORT-PFLANZUNG

Bei den meisten Reptilienarten werden die Eier im Boden abgelegt. Manche Arten (z. B. die Waldeidechse) sind lebendgebärend. Die Jungtiere schlüpfen noch im Körper des Muttertieres aus dem Ei und werden dann am Boden abgelegt.

Krokodile haben einen starken Schuppenpanzer, der auf dem Rücken durch Schuppen verstärkt wird.

Schlangen, wie z. B. die Ringelnatter, stammen von echsenartigen Vorfahren ab. Ihre Beine sind zurückgebildet. Dieses Weibchen passt gut auf seine Eier auf.

Schildkröten haben einen Rücken- und Brustpanzer, mit dem sie im Wasser beim Schwimmen schneller vorankommen. Zur Fortbewegung an Land ist er weniger praktisch.

Der Komodowaran wird bis zu 3 m lang.

Eidechsen, wie z. B. die Zauneidechse, leben meist in warmen, trockenen Lebensräumen.

NILKROKODIL

STECKBRIEF

Nilkrokodil (*Crocodylus niloticus*)

Merkmale:
breite, flache Schnauze, zu einem Ruder umgebildeter Schwanz

Körperlänge:
bis 6,50 m

Verbreitung:
subtropische Länder Afrikas

Lebensraum:
Süßwasserseen und -flüsse, Wasserlöcher, küstennahes Brack- oder Salzwasser

Nahrung:
Wirbeltiere, Aas, auch Artgenossen

Paarungszeit:
im afrikanischen Frühling

Familie Nilkrokodil

Krokodile verspeisen gerne mal die Jungen der Verwandten. Deshalb passt die Krokodilmutter gut auf ihren Nachwuchs auf und schützt ihn auch vor dem Vater.

Frisch geschlüpftes Krokodiljunges

Gut verstecktes Nest

Nach der Paarung gräbt das Weibchen an Gewässerufern ein grubenförmiges Nest, in das es 15 bis 80 Eier ablegt. Das Gelege bedeckt es mit Sand und Pflanzenmaterial und bewacht es 90 Tage lang. Manchmal machen sich die Jungen im Ei durch Laute bemerkbar, damit die Mutter ihnen beim Schlüpfen hilft.

Die Krokodilmutter nimmt das Ei in ihr Maul und rollt es zwischen Zunge und Rachen so lange hin und her, bis die Schale zerbricht.

Ausflug ins Wasser

Wenn die Jungen geschlüpft sind, werden sie von Mama nacheinander im Maul ins seichte Wasser getragen. Auch dort muss sie aufpassen, dass die kleinen Krokodile nicht von Waranen, Mungos, Störchen oder Artgenossen gefressen werden. Sind die Jungen in Gefahr, schreien sie. Sofort schwimmt die Krokodilmutter herbei und nimmt den Nachwuchs schützend in ihr Maul.

In Mamas Maul sind die Jungen geschützt.

Krokodilmutter mit frisch geschlüpftem Jungtier

SCHON GEWUSST?

Ob sich aus den Krokodileiern Männchen oder Weibchen entwickeln, hängt von der Temperatur ab. Werden sie unter etwa 30 °C ausgebrütet, schlüpfen aus ihnen Weibchen, bei etwa 34 °C Männchen. Damit beide Geschlechter entstehen, werden die Eier meist in unterschiedlichen Tiefen vergraben.

STECKBRIEF

Galapagos-Riesenschildkröte
(*Chelonoidis nigra*, früher *Geochelone elephantopus*)

Merkmale:
langer Hals, großer Kopf, flacher oder gewölbter Panzer

Körperlänge:
1,10–1,50 m

Verbreitung:
Galapagos-Inseln im Indischen Ozean

Lebensraum:
tropische Wälder, Büsche, Dornwälder und Küstengebiete

Nahrung:
Gräser, Kräuter, Blätter, Beeren, Flechten, Kakteen

Paarungszeit:
Dezember bis August

Familie Riesenschildkröte

Familie? So etwas kennen Schildkröten nicht. Die Weibchen legen nach der Paarung ihre Eier ab und ziehen sich dann wieder ins Meer zurück. Wenn die Jungen schlüpfen, sind sie von Anfang an auf sich allein gestellt.

Eine Riesenschildkröte gräbt ein Nest für die Eiablage.

Eier in der Grube

Vor der Eiablage prüft das Weibchen sorgfältig den Boden und gräbt dann mit den Hinterbeinen eine Grube, in der 2 bis 17 Eier abgesetzt werden. Anschließend bedeckt es das Gelege mit sandiger Erde. 240 Tage lang werden die 6 cm großen Eier von der Sonnenwärme ausgebrütet.

Junge Riesenschildkröten
(von Forschern markiert)

Hier bin ich!

Wenn die jungen Riesenschildkröten geschlüpft sind, sind sie nur wenige Zentimeter lang. In den ersten zwei bis vier Wochen ernähren sie sich von ihrem Dottersack und bleiben in der Brutgrube. Später, wenn sie etwa 7,5 cm lang sind, graben sie sich aus der weichen Erde, verstecken sich zwischen Pflanzen und gehen dann auf Nahrungssuche.

Eine Gruppe von Riesenschildkröten in einem Gewässer

SCHON GEWUSST?

Die Galapagos-Riesenschildkröte kann bis zu **200 Jahre** alt werden. Ihre Vorfahren lebten schon vor **60 Millionen Jahren** auf der Erde.

Eine Riesenschildkröte kommt vom Schwimmen zurück.

AMPHIBIEN

Amphibien sind »doppellebige« Tiere, d. h., sie leben im Jugendstadium als Larve im Wasser und als ausgewachsene Tiere an Land. Weltweit sind 5740 Arten bekannt, darunter Froschlurche (Frösche, Kröten, Unken), Schwanzlurche (Molche, Salamander) sowie Blindwühlen.

Folgende Eigenschaften haben alle Amphibien gemeinsam:

- Sie haben eine dünne, feuchte Haut mit Schleim- und Giftdrüsen, die für die Atmung und den Wasserhaushalt wichtig ist, vor Ansteckung schützt und dabei hilft, Fressfeinde abzuwehren.
- Sie sind wechselwarme Tiere, d. h., ihre Körpertemperatur passt sich der Umgebung an.
- Als Larven atmen sie mit Kiemen, später mit Lungen.
- Fast alle Arten legen Eier (Laich) in gallertigen Hüllen im Wasser ab, einige Arten sind lebendgebärend, d. h., die Jungen bleiben, bis sie fertig entwickelt sind, im Mutterleib.

Die in Südamerika lebenden **Ringelwühlen** *(Siphonops annulatus)* legen Eier im Boden ab. Aus ihnen schlüpfen voll entwickelte Jungtiere, die sich zwei Monate lang von der Haut ihrer Mutter ernähren.

Der **Alpensalamander** legt keine Eier, sondern bringt fertig entwickelte Junge zur Welt. Diese haben eine Lunge und sind an Land sofort lebensfähig.

Die Larven von **Fröschen**, **Kröten** und **Unken** nennt man **Kaulquappen**. Sie haben Außenkiemen und einen Ruderschwanz mit Flossensaum. Nach und nach entwickeln sich Beinchen und bei Froschlurchen bildet sich der Ruderschwanz zurück.

Entwicklung des Grasfroschs:

vom Ei zur Kaulquappe und zum ausgewachsenen, landlebenden Tier

Der **Axolotl**, der zu den Schwanzlurchen zählt, lebt zeitlebens (sozusagen als kiemenlebende Larve) unter Wasser. Er kommt nur in zwei Seen bei Mexiko-Stadt vor, lässt sich aber auch im Aquarium halten.

FORT-PFLANZUNG

Aus den Eiern, die die Weibchen nach der Paarung im Wasser ablegen, entwickeln sich Larven, die im Wasser leben und sich nach und nach zum lungenatmenden Landtier entwickeln. Das ausgewachsene Tier geht an Land, braucht aber weiterhin Gewässer zur Fortpflanzung oder zur Überwinterung.

Der **Feuersalamander** ist ebenfalls ein Vertreter der Schwanzlurche.

GRASFROSCH

STECKBRIEF

Grasfrosch (*Rana temporaria*)

Merkmale:
gelb-, rot- oder dunkel-
braun mit schwarzen Flecken

Körperlänge:
7–11 cm

Landlebensraum:
vor allem Wälder, Wiesen,
Gebüschzonen

Laichgewässer:
vorzugsweise flache,
besonnte Teiche
und Weiher

Nahrung:
Insekten, Asseln,
Würmer, Nackt-
schnecken

Paarungszeit:
Anfang März bis
Ende April

Vom Ei zur Quappe

Die Laichballen des Grasfroschs sind große
Fladen, die auf der Wasseroberfläche trei-
ben. Sie bestehen aus 700 bis 4000 Eiern,
die fast schwarz und nur unten an einer
Stelle aufgehellt sind. Nach spätestens vier
Wochen, wenn es warm ist, manchmal auch
schon nach einigen Tagen, schlüpfen aus
den Eiern 6 bis 9 mm lange Larven, die
sich zu schwimmfähigen Kaulquappen
entwickeln.

Familie Grasfrosch

Grasfrösche haben kein
Familienleben. Das Gras-
froschweibchen setzt
ein bis zwei Laichbal-
len ins Wasser ab.
Das Männchen, das
auf dem Rücken des
Weibchens sitzt,
besamt die Eier, aus
denen Larven schlüp-
fen. Diese entwickeln
sich ganz selbstständig.

Laichballen eines
Grasfroschpaars
im Wasser

Grasfroschpaar

78

Die Kaulquappen des Grasfroschs sind braun, haben kupfer- bis bronzefarbige Flecken und werden bis zu 4,6 cm lang. Der obere Flossensaum des Schwanzes reicht etwa bis zur Rumpfmitte, der Ruderschwanz ist höchstens doppelt so lang wie der Rumpf.

Nach und nach entwickeln sich Beinchen.

Jungfrösche

Die Kaulquappen fressen zuerst die Gallerte des Laichballens auf, später ernähren sie sich von Algen. Im Lauf ihrer Entwicklung wachsen ihnen Hinterbeine, dann bilden sich der Schwanz und die Kiemen zurück. Nach zweieinhalb bis drei Monaten haben sie sich zum lungenatmenden Jungfrosch mit vier Beinen entwickelt. Nun verlassen sie das Gewässer und gehen an Land.

Wenn die Jungfrösche an Land gehen, sind sie etwa 2 bis 3 cm groß. Erst im zweiten oder dritten Lebensjahr sind sie ausgewachsen und geschlechtsreif.

SCHON GEWUSST?

Grasfrösche können bis zu 18 Jahre alt werden, sterben aber meist viel früher. Die Quappen werden von Großlibellenlarven oder den Larven des Gelbrandkäfers gefressen. Vögel wie Störche, Eulen, Mäusebussard, aber auch Säugetiere wie Wildschwein, Fuchs, Dachs, Iltis oder Wanderratte fressen die (Jung-)Frösche.

STECKBRIEF

Geburtshelferkröte *(Alytes obstetricans)*

Merkmale:
Oberseite graubraun mit rötlichen Warzen, Unterseite weißlich mit Flecken, Pupillen senkrecht schlitzförmig

Körperlänge:
3–5,5 cm

Landlebensraum:
Kies-, Lehmgruben, pflanzenarme sandige Lebensräume

Laichgewässer:
Tümpel, Weiher, Gruben mit ganzjähriger Wasserführung

Nahrung:
Würmer, Insekten, Spinnen

Paarungszeit:
zwischen März und August

GEBURTSHELFER-KRÖTE

Geburtshelferkröten können sich bis zu dreimal im Jahr fortpflanzen. Das Männchen kann bis zu 170 Eier aufnehmen und mit sich herumtragen.

Familie Geburtshelferkröte

Bei den Geburtshelferkröten ist allein der Vater für den Nachwuchs zuständig. Er paart sich nacheinander mit mehreren Weibchen, besamt dabei deren Eier und trägt sie anschließend mit sich herum.

Wickeltechnik

Die Weibchen der Geburtshelferkröten geben bei der Paarung Eier ab, die durch einen Gallertfaden schnurartig miteinander verbunden sind. Diese Laichschnur besamt das Männchen und wickelt sie sich anschließend um die Hinterbeine. 20 bis 45 Tage bleiben die Eier dort haften. Sind sie reif, hüpft das Vatertier zu einem Gewässer und legt sie dort ab.

Ein Geburtshelferkrötenvater mit Eiern

Aus Kaulquappe wird Kröte

Aus den Eiern schlüpfen im Wasser sofort 1,2 bis 2 cm lange Larven (Kaulquappen). Diese entwickeln sich innerhalb von 3 bis 5 Wochen zur Geburtshelferkröte und gehen an Land. Schlüpfen die Larven spät im Jahr, überwintern sie meist im Gewässer und wandeln sich erst im kommenden Mai oder Juni zur Kröte um.

SCHON GEWUSST?

Männchen und Weibchen geben zur Paarungszeit flötenartige Rufe von sich. Man nennt die Geburtshelferkröte deshalb in manchen Gegenden auch >>Glockenfrosch<<.

FISCHE

Weltweit sind bisher rund 28 500 Fischarten bekannt, die im Meer oder in Süßgewässern (Bäche, Flüsse, Seen) leben. Man unterscheidet Knorpelfische (z. B. Haie, Rochen, Seekatzen), deren Skelett aus Knorpel besteht, und Knochenfische (z. B. Barsch, Karpfen, Sardine, Forelle), die, wie der Name schon sagt, ein verknöchertes Skelett besitzen.

Der **Walhai**, ein Bewohner der tropischen und subtropischen Meere, wird bis zu 14 m lang. Er ist der längste heute lebende Knorpelfisch.

Einige Merkmale haben alle Fische gemeinsam:

• Sie haben eine mit Schuppen besetzte Haut mit vielen Schleimdrüsen.

• Ihr Körper ist spindelförmig mit Flossen.

• Sie sind wechselwarm, d. h., ihre Körpertemperatur passt sich der Umgebung an.

Der Hering lebt in Schwärmen im Atlantischen Ozean.

Der **Sägerochen** kommt in küstennahen Meereszonen vor. Er hat einen seitlich mit Zähnen besetzten Auswuchs am Kopf. Diese »Säge« nutzt er zum Beutefang.

Die **Bachforelle** besiedelt ausschließlich rasch fließende, kühle und saubere Bäche.

Bei der Paarung von Fischen geben Männchen und Weibchen Eier und Samen gleichzeitig ins Wasser ab. Aus den befruchteten Eiern entwickeln sich Jungfische, die bei den meisten Arten von Anfang an auf sich allein gestellt sind. Unter den Knochenfischen gibt es aber auch brutpflegende Arten. Sehr oft übernimmt dabei das Männchen die Brutpflege.

Kuckucksfiederbartwelse legen ihre Eier zu den Eiern einer anderen Fischart (z. B. zu einem maulbrütenden Buntbarsch). Weil sich die Welseier schneller entwickeln, können die frisch geschlüpften kleinen Welse die Buntbarscheier und -larven fressen.

Maulbrüter, wie z. B. **Kardinalbarsche**, sind Fische, die zum Schutz vor Feinden die befruchteten Eier oder die geschlüpften Jungfische in ihr Maul nehmen.

STECKBRIEF

Zitronenhai (*Negaprion brevirostris*)

Merkmale:
gelbliche Rückenfärbung, weißlicher Bauch

Körperlänge:
bis über 3,40 m

Verbreitung:
Atlantik, Pazifik, am häufigsten in der Karibik

Lebensraum:
Küstengewässer, »Kinderstube« in den Gewässern von Südflorida und den Bahamas

Nahrung:
Fische, Seevögel

Tragezeit:
10–12 Monate

ZITRONENHAI

Geburt eines Zitronenhaibabys

Familie Zitronenhai

Zitronenhaie legen keine Eier, sondern gebären – im Unterschied zu den meisten anderen Fischarten – lebende Junge. Um diese kümmert sich ausschließlich die Mutter.

Fischbaby mit Nabelschnur

Ungefähr ein Jahr nach der Paarung bringt das Zitronenhaiweibchen in den seichten Bereichen der Küstengewässer meist 5 bis 15 Junge zur Welt. Die Kleinen sind bei der Geburt 60–65 cm lang. Anfangs sind sie noch durch eine Nabelschnur mit ihrer Mutter verbunden.

Zitronenhaimutter und Junges mit Nabelschnur

Die scharfen Zähne eines Zitronenhais

SCHON GEWUSST?

Greift ein Hai ein Beutetier an, kann er dabei mehrere Zähne verlieren. Das macht dem Angreifer aber gar nichts aus, denn seine Zähne wachsen innerhalb von 1 bis 2 Wochen wieder nach.

Zitronenhaimutter mit Jungem

Kinderstube

Löst sich die Nabelschnur ab, können die Kleinen ohne ihre Mutter schwimmen. Sie suchen sich ihre Nahrung selbst und bilden Schwärme. Mehrere Jahre lang bleiben die Zitronenhaikinder in ihrer Kinderstube, den flacheren Meereszonen im Küstenbereich. Erst wenn sie größer geworden sind, schwimmen sie in andere Gebiete. Ausgewachsen und geschlechtsreif sind sie erst mit 12 bis 15 Jahren.

Die Kinderstube der Zitronenhaie

Seepferdchen (Hippocampus spec.)

Merkmale:
Kopf pferdekopfförmig,
Hinterleib wurmartig,
daher der Name »Hippo-
campus« (Pferderaupe)

Körperlänge:
je nach Art 1,5–30 cm

Verbreitung:
weltweit, fast alle Meere

Lebensraum:
Seegraswiesen, Korallen-
riffe oder Mangroven-
wälder in küstennahen
Meeresbereichen

Nahrung:
Kleinkrebse, Larven

Paarungszeit:
das ganze Jahr über

SEE-PFERDCHEN

Junge Seepferdchen
nach der Geburt

Familie Seepferdchen

Bei Familie Seepferdchen ist der Vater für die
Kinder zuständig. Das Seepferdchenweib-
chen legt zwar die Eier, kümmert sich dann
aber nicht mehr um die Jungen. Die Eltern
bleiben jedoch ein Leben lang zusammen.

Papa mit Bruttasche

Am Bauch hat der Seepferdchenvater eine
Bruttasche. In diese legt das weibliche Tier
bei der Paarung bis zu 200 Eier. Aus den
befruchteten Eiern entwickeln sich in der
Bruttasche kleine Seepferdchen. Wenn sie
10 bis 12 Tage alt sind, bereitet sich der Vater
auf die Geburt vor. Er zieht sich an ein ungestörtes Plätzchen im Seegras zurück, krümmt
sich mehrfach und presst die Jungen schub-
weise heraus.

Gut getarnte Schwimmer

Bei der Geburt purzeln die jungen Seepferdchen nacheinander aus der Bruttasche des Vaters ins offene Wasser. Sie sind 7 bis 11 mm lang und schwimmen sofort allein im Wasser herum. Die Nahrung suchen sich die Kleinen selbst. Meist klammern sie sich dabei mit ihrem Greifschwanz an Seegräsern fest und warten ab, ob etwas Fressbares (z. B. ein winziges Krebstierchen) vorbeikommt. Nähert sich ein Beutetier, saugen sie es mit ihrem Röhrenmaul blitzschnell ein. Wenn Seepferdchen sieben bis zehn Monate alt sind, sind sie ausgewachsen und können selbst Junge bekommen.

SCHON GEWUSST?

Seepferdchen sind Fische mit drei Flossen: einer Rückenflosse und zwei Brustflossen im Kopfbereich. Sie schwimmen meist stehend aufrecht. Farblich sind sie ihrer Umgebung gut angepasst und zwischen Seegraspflanzen kaum zu erkennen. Vor Fressfeinden sind Seepferdchen durch einen knöchernen Panzer geschützt. Die Jungtiere biegen ihren Greifschwanz halbmondförmig zum Rücken. Bei ausgewachsenen Tieren ist der Greifschwanz dagegen zum Bauch hin gebogen.

WIRBELLOSE TIERE

95 Prozent der weltweit verbreiteten 8 Millionen Tierarten (so viele sind es mindestens, siehe S. 6) bilden zusammen die Großgruppe der Wirbellosen Tiere. Zu ihnen zählen ganz unterschiedliche Tiergruppen wie Weichtiere, Krebstiere, Spinnentiere und Insekten.

Der Körper der **Weichtiere** (Muscheln, Schnecken, Kopffüßer wie Tintenfische) besteht aus Kopf, Fuß, Eingeweidesack und Mantel. Beine sind nicht vorhanden, Kopffüßer haben allerdings Fangarme. Typisch für alle Weichtierarten ist eine einschichtige, drüsenreiche, weiche Haut, die auch bewimpert sein kann, sowie eine kalkhaltige Schale als Außenskelett oder ein Schulp als Innenskelett. Aus den Eiern vieler Weichtierarten entwickeln sich meist zuerst Larven (eine Ausnahme ist z. B. die Weinbergschnecke).

Ausgewachsene **Miesmuscheln**

Larven der Strandkrabbe

Der **Tiefseetintenfisch** und das **Perlboot** (kleines Bild) zählen zu den sogenannten Kopffüßern. Mit ihren Fangarmen ergreifen sie Beutetiere und führen sie zu ihrer Mundöffnung.

Die **Strandkrabbe** lebt in Küstennähe.

Krebstiere (z. B. Languste, Strandkrabbe, Hummer, Edelkrebs) haben einen Kopf, einen segmentierten Rumpf und einen Hinterleib. Von ihren zehn Beinen sind meist zwei als Scheren und acht zum Laufen oder Schwimmen ausgebildet. Anstelle eines Innenskeletts haben sie ein hartes Außenskelett aus Chitin. Aus den Eiern, die im Wasser abgelegt werden, schlüpfen Larven, die meist über mehrere Larvenstadien zu einem Krebs heranwachsen.

Weberknechte sind Spinnentiere mit besonders langen, dünnen Beinen.

Die **Gartenkreuzspinne** ernährt sich von Insekten, die sich in ihren Netzen verfangen.

Der **Kaiserskorpion** lebt in tropischen Wäldern Afrikas. Er wird bis zu 25 cm lang.

Bei **Spinnentieren** (wie Spinnen, Weberknechten, Skorpionen, Milben, Zecken) ist der Körper zweigeteilt und besteht aus Kopfbrust, Hinterleib und acht Laufbeinen. Das Außenskelett ist aus Chitin, das Hinterteil jedoch weichhäutig.

Zecken sind Blutsauger.

Die Entwicklung des **Großen Kohlweißlings** vom Ei zur Raupe und Puppe bis hin zum flugfähigen Schmetterling

Insekten (wie Schmetterlinge, Käfer, Biene, Ameisen) haben einen dreigeteilten Körper, der aus Kopf, Rumpf und Hinterleib besteht, sechs Beine, zwei Paar Flügel (manchmal zurückgebildet) und ein Außenskelett aus Chitin. Die Weibchen der meisten Arten legen nach der Paarung Eier ab, aus denen Larven schlüpfen. Diese entwickeln sich bei den Insekten mit **unvollkommener Verwandlung**, wie z. B. bei Heuschrecken, nach und nach zum ausgewachsenen Insekt. Bei Insekten mit **vollkommener Verwandlung** (wie z. B. Schmetterlingen) verpuppt sich die Larve. Aus der Puppe schlüpft dann nach einer bestimmten Zeit das flugfähige Insekt.

Heuschrecken sind Insekten mit unvollkommener Verwandlung. Aus den Eiern schlüpfen Larven, die sich mehrmals häuten und schließlich zum flugfähigen Insekt heranwachsen.

WEINBERG-SCHNECKE

STECKBRIEF

Weinbergschnecke (Helix pomatia)

Merkmale:
5–7 cm breites, spiraliges, rechtsgewundenes Schneckenhaus

Körperlänge:
bis 10 cm

Lebensraum:
Gebüsch, Raine, verwilderte Gärten, Parks, Laub- und Mischwaldränder mit kalkhaltigen Böden

Nahrung:
weiche Pflanzenteile, Algen

Paarungszeit:
Ende Juni bis August

Familie Weinbergschnecke

Bei den Weinbergschecken gibt es weder Männchen noch Weibchen und ein Familienleben mit Eltern und Nachwuchs schon gar nicht. Nach Paarung und Eiablage ist für eine Weinbergschnecke die Familienarbeit erledigt.

Eier in der Erde

Sechs bis acht Wochen nach der Paarung gräbt die Weinbergschnecke mit ihrem Fuß und ihrem Gehäuse ein Loch in die Erde, in das sie 30 bis 60 Eier ablegt. Diese sind weiß und fast so groß wie eine Erbse. Zwei Wochen lang ruhen die Eier mit Erde bedeckt in der Höhle. Keiner muss sich um sie kümmern.

Weinbergschnecken sind Zwitter, d. h. Männchen und Weibchen zugleich. Jede Weinbergschnecke, die sich mit einer anderen Weinbergschnecke gepaart hat, kann Eier legen.

Weinbergschnecke
bei der Eiablage

Babyschnecken mit Haus

Wenn nach zwei bis drei Wochen die Jungschnecken schlüpfen, haben sie bereits ein Haus. Es ist aber noch sehr weich und bietet kaum Schutz. Die »Babyschnecken« bleiben in den ersten 8 bis 10 Tagen in ihrer Erdhöhle. Sie ernähren sich zunächst von ihrer Eihülle und von der kalkhaltigen Erde, in der sie leben. Allmählich fressen sie sich durch die Erddecke bis zur Oberfläche. In den Monaten bis zum ersten Winter können sie bis zu 10 mm lang werden, aber erst nach dem zweiten Winter besitzen sie ein undurchdringliches, hartes Gehäuse. Jetzt haben sie die Größe eines ausgewachsenen Tiers erreicht und können sich paaren.

Junge und ältere
Weinbergschnecken

SCHON GEWUSST?

Während der kalten Jahreszeit verkriechen sich die Weinbergschnecken, die sich im Verlauf des Sommers einen Nahrungsvorrat angefressen haben, in der Erde, ziehen sich in ihr Gehäuse zurück, verschließen die Öffnung mit einem Kalkdeckel und verfallen in Kältestarre. Im Frühling, wenn es wärmer wird, stoßen sie den Kalkdeckel auf und kriechen wieder aus der Erde.

STECKBRIEF

Rote Waldameise (Formica rufa)

Merkmale:
Kopfoberseite, Hinterleib und Beine schwarzbraun, übriger Körper rot; Kopfunterseite und Vorderrücken behaart

Körperlänge:
5–7 mm (Arbeiterin),
9–11 mm (Königin)

Lebensraum:
sonnige Bereiche in Laub- und Nadelwäldern, Waldränder

Nahrung:
kleine Insekten und deren Larven oder Puppen, Honigtau

Fortpflanzungszeit:
April bis Juni

ROTE WALDAMEISE

Familie Waldameise

Waldameisen leben nicht in einer Familie, sondern in einer riesigen Wohngemeinschaft – einem Ameisenstaat, in dem jedes Tier bestimmte Aufgaben hat. Die Königin hat die Aufgabe, sich beim Hochzeitsflug mit den Männchen zu paaren und danach Eier zu legen. Die Larven und Puppen werden von Arbeiterinnen betreut.

Fleißige Hebammen

Waldameisen wohnen in einem Hügelnest, das bis zu 3 m hoch werden kann. Ein Teil liegt immer unter der Erdoberfläche. Innen befinden sich verschiedene Kammern, z. B. die Speisekammer, in der die Nahrung gesammelt wird. Im Königinnenzimmer legt die Königin Eier. Die Arbeiterinnen nehmen sie ihr ab und bringen sie in die Brutkammern. Dort schlüpfen Larven, die »von Mund zu Mund« gefüttert werden. Sobald sich die Larven verpuppen, werden sie an einen anderen Ort im Bau gebracht.

Hügelnest der Waldameise

Hier schleppt eine Arbeiterin ein Ei.

Hier »melken« Ameisen Blattläuse.

Eine Waldameise mit ihrer Beute, einem Flohkrebs. Mehrere Ameisen können gemeinsam selbst größere Tiere (z. B. eine tote Maus) wegschleppen. Im Winter fallen die Ameisen in Kältestarre und fressen nichts mehr, bis es wieder wärmer wird.

SCHON GEWUSST?

Ein Ameisenstaat besteht aus Tausenden von flügellosen Arbeiterinnen und einer geflügelten Königin, die als Einzige Eier legen kann. Beim Hochzeitsflug mit den Männchen erhält sie Samen, die für ein ganzes Leben reichen. Nach der Paarung sterben die Männchen. Die Königin wirft ihre Flügel ab und widmet sich nur noch dem Eierlegen. Aus ihren unbefruchteten Eiern entstehen Männchen, aus den befruchteten Arbeiterinnen. Werden die Larven mit einer anderen Nahrung gefüttert, kann sich eine neue Königin entwickeln.

Einige geflügelte Weibchen, künftige Königinnen, verlassen das Nest. Nach dem Hochzeits-flug und der Paarung mit den Männchen gründen sie einen neuen Staat.

Viele Arbeiterinnen

Aus den Puppen schlüpfen größtenteils Arbeiterinnen. Tiere, die »Innendienst« haben, werden von den anderen mit Futter aus ihrem Kropf gefüttert. Draußen jagen die Ameisen in Gruppen und schleppen die Beute gemeinsam in den Bau. Hat eine Ameise eine Nahrungsquelle entdeckt, läuft sie zurück zum Nest. Auf dem Weg zurück setzt sie Duftstoffe ab. Diese Duftstoffe sagen den anderen Ameisen, wo das Futter ist.

STECKBRIEF

Fleckige Brutwanze (*Elasmucha grisea*)

Merkmale:
Körperoberseite mit
dunklen Punktgruben

Körperlänge:
6–9 mm

Lebensraum:
Laub- und Auwälder

Nahrung:
Pflanzensäfte von
Birken und Erlen

**Fortpflan-
zungszeit:**
Juni

FLECKIGE BRUTWANZE

Familie Brutwanze

Brutfürsorge ist bei den Brutwanzen Sache der Weibchen. Sie bewachen die Eier und führen ihre Jungen im
Gänsemarsch zum Futter.

**Brutwanzenmutter
auf ihrem Gelege**

Eier der Fleckigen Brutwanze

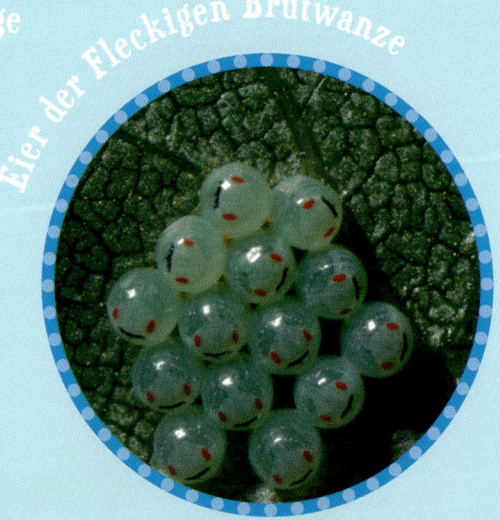

Mutter passt auf

Nach der Paarung legt das Weibchen im Juni 40 bis
50 Eier auf der Unterseite von Blättern ab. Zwei bis
drei Wochen lang bewacht es die Eier und bleibt
dabei ununterbrochen auf dem Gelege sitzen. Indem
es die Flügel schwirren lässt und eine Flüssigkeit
absondert, wehrt es Ameisen, Käfer und Spinnen
ab, die das Gelege erbeuten wollen.

Futtersuche im Gänsemarsch

Während sie auf die Eier aufpasst, kann Mutter Brutwanze gar nichts fressen. Erst nachdem sich die Junglarven das erste Mal gehäutet haben, geht sie mit den Kleinen auf Nahrungssuche. Die Jungen weichen ihr nicht von der Seite, sondern folgen ihr wie Entenküken ihrer Mutter. Duftspuren und gegenseitige Berührung mit den Fühlern helfen ihnen, den richtigen Weg zu finden.

Hier wehrt die Brutwanzenmutter eine Spinne ab.

Eine Brutwanzenmutter mit Nachwuchs auf Futtersuche

SCHON GEWUSST?

Brutwanzen stechen mit ihren Mundwerkzeugen Blätter an und saugen Pflanzensäfte. Im Herbst verziehen sich die ausgewachsenen Tiere oft in Gebäude und suchen in Hohlräumen (Decken, Wänden und Kabelschächten etc.) Unterschlupf. In dieser Zeit nehmen sie keine Nahrung auf und halten Winterruhe. Erst im Frühjahr kriechen sie wieder hervor.

Bildnachweis

Der Verlag dankt folgenden Agenturen und Fotografen für die freundliche Genehmigung, ihre Bilder zu verwenden:

Nature Picture Library: Umschlag vorne: Mary McDonald, S. 3: Kim Taylor, Kerstin Hinze, S. 6: John Cancalosi, Richard du Toit, Michael Durham, S. 8: Anup Shah, Mark Taylor, Brandon Cole, S. 9: Bryan and Cherry Alexander, Dave Watts, Owen Newman, S. 14: Andy Rouse, Bence Mate, Philippe Clement, S. 15: Bengt Lundberg, Niall Benvie, Martin H Smith, Ingo Arndt, Alan Williams, S. 16: William Osborn, Philippe Clement, S. 17: Jane Burton, S. 18: Orsolya Haarberg, Wild Wonders of Europe / Cairns, S. 19: Vincent Munier, Bengt Lundberg, Sven Zacek, S. 20: David Kjaer, Kevin J Keatley, George McCarthy, S. 21: Andrew Cooper, S. 22: Ingo Arndt, Christoph Becker, S. 23: Rolf Nussbaumer, Edwin Giesbers, S. 24: Barry Bland, Ingo Arndt, Suzi Eszterhas, David Kjaer, S. 25: David Welling, Roger Powell, S. 26: Brandon Cole, Doug Perrine, S. 27: Wild Wonders of Europe / Campbell, Jeff Rotman, S. 28: Marguerite Smits Van Oyen, S. 29: Simon King, Jouan & Rius, David Curl, S. 30: Neil Bromhall, S. 31: Neil Bromhall, S. 32: Lynn M. Stone, Pete Oxford, S. 33: Lynn M. Stone, Eric Baccega, S. 34: Dave Watts, S. 35: Owen Newman, Jouan & Rius, S. 36: Visuals Unlimited, Thomas Lazar, S. 37: Visuals Unlimited, Mary McDonald, S. 38: Anup Shah, S. 39: Anup Shah, Karl Ammann, S. 40: Suzi Eszterhas, Mike Wilkes, S. 41: Anup Shah, Mary McDonald, S. 42: Pete Oxford, S. 43: Anup Shah, S. 44: George Sanker, Anup Shah, Peter Blackwell, S. 45: Andy Rouse, Suzi Eszterhas, Anup Shah, Peter Blackwell, S. 46: Anup Shah, S. 47: Anup Shah, Mary McDonald, Pete Blackwell, S. 48: Anup Shah, Suzi Eszterhas, S. 49: Suzi Eszterhas, Hermann Brehm, S. 50: Andy Rouse, Christophe Courteau, Anup Shah, S. 51: Eliot Lyons, Michael Hutchinson, Richard du Toit, S. 52: David Pike, S. 53: Terry Andrewartha, Tom Mangelsen, S. 54: Markus Varesvuo, S. 55: Bence Mate, Jane Burton, Doug Allan, S. 56: Kim Taylor, Andrew Walmsley, S. 57: George McCarthy, Mark Taylor, S. 58: Alan Williams, Kim Taylor, Stephen Dalton, S. 59: Bengt Lundberg, Kim Taylor, Dave Watts, S. 60: Hermann Brehm, S. 61: Klaus Echle, Bengt Lundberg, S. 62: Andy Sands, Mike Wilkes, John Cancalosi, José B. Ruiz, S. 63: Andy Sands, S. 64: Mary McDonald, Steve Knell, Pete Oxford, S. 65: Niall Benvie, Rolf Nussbaumer, Bengt Lundberg, S. 66: Edwin Giesbers, Peter Blackwell, Jouan & Rius, S. 67: Eliot Lyons, Vincent Munier, S. 68: Fred Olivier, David Tipling, Doug Allan, S. 69: Fred Olivier, Doug Allan, Martha Holmes, S. 70: Ann & Steve Toon, S. 71: Mike Wilkes, Ross Hoddinott, Adam White, S. 72: Bruce Davidson, Anup Shah, S. 73: Martin H Smith, Anup Shah, S. 74: Pete Oxford, S. 75: Tim Laman, Pete Oxford, Adam White, S.76: Ingo Arndt, S. 77: Simon Colmer, Stephen Dalton, Hilary Jeffkins, S. 78: George McCarthy, Stephen Dalton, Bernard Castelein, S. 79: Will Watson, Philippe Clement, Bernard Castelein, S. 80: Paul Hobson, S. 81: José B. Ruiz, S. 82: Jürgen Freund, Doug Perrine, Dave Shale, S. 83: Georgette Douwma, Robert Thompson, Jane Burton, Kerstin Hinze, S. 84: Alex Mustard, Doug Perrine, S. 85: Doug Perrine, David Fleetham, S. 86: Doug Perrine, S. 87: Doug Perrine, Jane Burton, S. 88: Jürgen Freund, David Shale, Kim Taylor, Niall Benvie, S. 89: Russell Cooper, Ingo Arndt, David Kjaer, Hans Christoph Kappel, Simon Colmer, S. 90: Stephen Dalton, S. 91: Klaus Echle, S. 92: Niall Benvie, Paul Harcourt Davies, Paul Hobson, S. 93: Kim Taylor, Andy Sands, S. 94: David Kjaer, Duncan McEwan, S. 95: Kim Taylor, Duncan McEwan, Umschlag hinten: Jane Burton, Anup Shah, Mark Taylor, Barry Bland, Brandon Cole

Tierfoto Giel: S. 18: Oliver Giel

Fotolia: S. 1: Pieter Bregman, Eric Isselée, Gentoo Multimedia, Duncan Noakes, texturis, S. 3: auremar, David Pruter, Eric Isselée, Taalvi, Ionescu Bogdan, HLPhoto, S. 4: gudrun, Alena Ozerova, auremar, Monkey Business, S. 5: gudrun, Alexander Tarasov, Serhiy Kobyakov, gallas, Herby (Herbert) Me, Ailuropoda melanoleuca, S. 6: VAlex, V. Yakobchuk, arsdigital, Alexey Klementiev, S. 7: VAlex, NiDerLander, makuba, Andreas Meyer, soleg, Pieter Bregman, Serhiy Kobyakov, vladimirdavydov, pgm, David Pruter, Vladimir, Eric Isselée, montebelli, emer, S. 8/9: crimson, S. 12: Eric Isselée, S. 13: tiero, S. 14: Eric Isselée, S. 21: Ilka Burckhardt, S. 28: DIGIBILD, S. 33: Eric Isselée, S. 34: Eric Isselée, S. 38: Eric Isselée, S. 41: Eric Isselée, S. 42: Taalvi, S. 46: texturis, S. 51: Duncan Noakes, S. 52: BernardBreton, S. 54: Luiz, S. 55: Luiz, hakoar, S. 60: Ornitolog82, S. 68: Gentoo Multimedia, S. 70: Andreas Meyer, Petra Eckerl, S. 72: diamondpictures, S. 76: Bocos Benedict, S. 77: Bocos Benedict, Ionescu Bogdan, S. 78: makuba, S. 79: Ionescu Bogdan, S. 82/83: TRAFFIC, S. 86: Eric Isselée, Onkelchen, S. 88: soupstock, HLPhoto, S. 89: soupstock, Maria.P., S. 90: Serhiy Kobyakov, S. 91: Peterchen, Umschlag hinten: Serhiy Kobyakov, BernardBreton, Onkelchen

Thinkstock: S. 3: iStockphoto, S. 70: Hemera, S. 71: Hemera, iStockphoto

Es wurden alle Anstrengungen unternommen, die Bildnachweise korrekt zu erstellen und die Copyright-Inhaber aller Bilder zu ermitteln. Der Verlag entschuldigt sich für alle unvollständigen Angaben und wird ggf. Korrekturen in zukünftigen Ausgaben vornehmen.